JN027314

ジェンダーで読む

 Movie **G**ENDER Book

映画評／書評

杉本 貴代栄
SUGIMOTO KIYOE

学文社

はじめに —— 本書の案内

　本書は，身近にある書籍や映画を手がかりにして，ジェンダーに関連する知見を読み解くことを試みたものです。書籍や映画は，しばしばジェンダーを理解するためのよい教材となるからです。私は以前から，学会誌や自身のホームページ等を媒介として，書籍や映画を用いた同様な試みを続けてきたのですが，今回それらのなかから，教材としてうまく使われているもの，また執筆時期がおおよそ10年以内の新しいものを選択して，1冊にまとめたものが本書です。ここ10年ほどのジェンダーをめぐる日本と外国の動向を，ここに取り上げた書籍や映画から読み取ってほしいと願っています。

　近年（1980年代以降のおよそ40年ぐらいの期間），ジェンダーをめぐる社会の動向には，どのような変化があったのでしょうか。まずはジェンダーへの政策や関心の進展を簡潔に整理しておきましょう。おおまかに言えば，ジェンダー政策の動向からすると，1980年代が第1段階だったと言えるでしょう。1985年に男女雇用機会均等法が成立，1986年に施行されたことを中心に，「女性の時代」がスタートしたからです。そして，次いで1990年代が第2段階と言えるでしょう。ジェンダー問題への関心が高まり，法的整備が進められました。1999年に成立・施行された，「男女共同参画社会基本法」や，2001年に成立した「配偶者からの暴力の防止及び被害者の保護に関する法律」（いわゆるDV防止法）はその成果です。「ジェンダー」という新たな用語が頻繁に使用されるようになったのもこの頃からのこと

です。では，第3段階に分類される2000年以降から今日までの20年間とは，どういう時代だったのでしょうか。均等法が改正されたり，DV防止法がたびたび改正されたりしたこと，また所得税法の改正や年金分割等の制度が取り入れられたりしたという進展がありました。また2017年頃から，ハリウッド発の#MeToo運動が日本にも波及し，今まで問われることが少なかったセクハラが明るみに出されるようになったという展開もありました。しかし全体としてみると，社会のコアの部分に存在する「性差別」がなくなったとは思えません。むしろ今までの進展の反動として，改めてジェンダー問題の是非を問うような，揺り戻しが起こっているような状況もあります。このような第3段階のジェンダー課題を広く，また外国の問題も含めて本書は取り上げています。

　書評は，ジェンダー論を学ぶものにとっての必読書を取り上げました。ゆえに多少難解な文章にならざるを得ませんでした。それに比して映画評は，わかりやすく読みやすい文章としました。取り上げた映画も，よく知られた（多分読者が既に映画館やビデオで見たことがあるような）ものを多く取り上げました。そのような書評と映画評を交互に位置づけることで，全体の理解が進むことを意図しました。

　Iの「女性と社会福祉政策」では，日本と外国，全体に共通する問題を取り上げました。書評で取り上げた，イエスタ・E・アンデルセン『平等と効率の福祉革命』（岩波書店，2011年），上野千鶴子『ケアの社会学』（太田出版，2011年）は，ジェンダーに関心を持つ人ならば必読の書籍です。ドミネリ『フェミニスト・ソーシャルワーク』（明石書店，2015年），吉川真美子『ドメスティック・バイオレンスとジェンダー』（世継社，2007年）も是非読んで欲しい本ですが，これらの本

は大部の本でもあり，本屋さんで手に取るにはなかなか勇気のいる本であることは確かです。ゆえにここで書評として取り上げ，解説を加えることとしました。まずはここでの書評を読んでいただき，その後に実際に手に取り読破することをお勧めします。映画評は，働く女性たちの現状をわかりやすく描いた映画を取り上げました。

Ⅱの「アメリカの政策／大統領選挙をめぐる動向」では，アメリカの現状をよく描いている書籍と映画を取り上げました。書評のバーバラ・エーレンライク『捨てられるホワイトカラー：格差社会アメリカで仕事を探すということ』(東洋経済新報社，2007年)，堤未果『沈みゆく大国：アメリカ』(集英社新書，2014年)，J. D. ヴァンス『ヒルビリー・エレジー：アメリカの繁栄から取り残された白人たち』(光文社，2017年)，エリザベス・ウォーレン『この戦いはわたしたちの戦いだ：アメリカの中間層を救う闘争』(蒼天社出版，2018年) は，それぞれアメリカの現実を描いたベストセラーです。映画評は，書評に描かれた現実をわかりやすく描いた映画を取り上げました。

Ⅲの「世界の趨勢と歴史から学ぶ」では，日本と比較するためにアメリカとそれ以外の国を取り上げました。日本の現状を知るためには，他国を知ることが必要だからです。書評と映画評により，フィンランド (『かもめ食堂』)，スウェーデン (『ミレニアム：ドラゴン・タトゥーの女』)，フランス (『隠された日記〜母たち，娘たち〜』)，イギリス (『オレンジと太陽』)，アメリカ (『Shall we dance ?』) (『マイ・ストーリー』) を取り上げて日本と比較しています。

ジェンダーをめぐる社会の動向については上述しましたが，ジェンダー研究についても付言しておきたいと思います。ジェンダー研究──つまりジェンダーの視点で従来の学問を再検討・再構築しようと

する動きのことです。このような試みは女性学，またはジェンダー研究と名付けられ，日本では1970年代の半ば頃から登場しました。女性学とは汎学問領域にわたるものであるため，各学問領域ごとにその再検討が進められてきました。私の専門領域は社会福祉であるため，今までのいくつかの研究成果は，社会福祉領域におけるジェンダー視点による再検討を目的としたものでした。しかしジェンダー研究の役割はもう一つあると私は考えます。各専門領域毎に再点検をすることのほかに，ジェンダー研究を一般に広める役割です。なかなかジェンダーに関する関心が高まらない昨今の趨勢を見るにつけ，その第2の役割が必要なことを痛感している次第です。本書を出版する私の意図はそこにあります。

　本書は，ジェンダーを学ぶ人，関心を抱く人にとっての「入門書」です。本書を手始めとして，ジェンダー問題に関心を持ち，さらに関係する書籍を読み進めていく契機としてほしいと願っています。

　2020年9月8日

　　　　　　　　　　　　　　　　　杉本貴代栄

······ 目　次 ······

はじめに — 本書の案内　　1

■■■ I.　女性と社会福祉政策 ―――――――――――――――― 9

映画評／町と自分の人生のために：女たちの挑戦を描く
　　　『フラガール』　10
　1.　石炭産業の衰退　10／2.　ストーリー　12／3.　撮影とその周辺のエピ
ソード　14

書　評／イエスタ・エスピン゠アンデルセン著・大沢真理監訳
　　　『平等と効率の福祉革命：新しい女性の役割』　18
　1.　はじめに　18／2.　本書の内容　19／3.　解題と翻訳について　23／
　4.　エスピン゠アンデルセンとフェミニスト研究　26／5.　本書の特徴と日本の
課題　29

書　評／上野千鶴子『ケアの社会学：当事者主権の福祉社会へ』　34
　1.　社会福祉とジェンダー　34／2.　本書の内容　36／3.　介護保険の
評価　39／4.　協セクターへの期待　42

映画評／『スタンドアップ』が描く「働く女性の権利」　47
　1.　「男の職場」で働く女性が経験したこと　47／2.　男女平等雇用法の
進展　49／3.　現実の訴訟の経過　51／4.　アニタ・ヒル事件　55

**書　評／レナ・ドミネリ著・須藤八千代訳『フェミニスト・ソーシャルワー
　　　ク：福祉国家・グローバリゼーション・脱専門職主義』**　59
　1.　社会福祉におけるフェミニスト研究の動向　59／2.　本書の内容と特徴
60／3.　日本のソーシャルワークの課題について　62

書　評／吉川真美子『ドメスティック・バイオレンスとジェンダー：適正手続きと被害者保護』　65

1. 本書の目的　65 ／ 2. 問題の所在　66 ／ 3. アメリカの DV 政策　68 ／
4. 2 つのコメント　69

●●● Ⅱ. アメリカの政策／大統領選挙をめぐる動向 —— 73

映画評／『ドリームガールズ』が意味する「夢」について　74

1. 「ブロードウエイ・ミュージカル」対「映画」　74 ／ 2. ストーリー　75 ／
3. ストーリーの歴史的背景　77 ／ 4. 公民権運動の進展　80

映画評／『ミリオンダラー・ベイビー』に見るアメリカの光と影　83

1. クリント・イーストウッドの注目作　83 ／ 2. 「女性ボクサー」という存在
84 ／ 3. 貧困な母子世帯と社会福祉　87 ／ 4. 後半の展開　88

書　評／バーバラ・エーレンライク著・曽田和子訳『捨てられるホワイトカラー：格差社会アメリカで仕事を探すということ』　92

1. 「潜入ルポ」という方法　92 ／ 2. ホワイトカラー失業者の生活　93 ／ 3. 不安定化する労働・企業　95 ／ 4. 団結し，運動すること　97

書　評／堤 未果『沈みゆく大国：アメリカ』　99

1. アメリカの医療改革について　99 ／ 2. 医療保険の現状　100 ／ 3. 2 つの保険制度：「単一支払い皆保険医療制度」と「公的保険オプション」　102
／ 4. 今後の展開　105

映画評／アメリカの「島の貧困」を描いた『ウィンターズ・ボーン』
107

1. 映画の特徴とストーリー　107 ／ 2. 映画の製作について　110 ／ 3. ヒルビリーといわれる人々　112 ／ 4. 豊かな社会のなかでの「貧困の再発見」
114 ／ 5. 映画の結末とその行方　116

書　評／J. D. ヴァンス著・関根光宏・山田文訳『ヒルビリー・エレジー：
　　　　アメリカの繁栄から取り残された白人たち』　118

　1.　誰がトランプ大統領を支持したのか　118 ／ 2.　本書の内容　121 ／ 3.　ヒ
　ルビリーといわれる人たち　123 ／ 4.　白人労働者の貧困問題とトランプ大統
　領の今後　125

書　評／エリザベス・ウォーレン著・大橋陽訳『この戦いはわたしたちの
　　　　戦いだ：アメリカの中間層を救う闘争』　128

　1.　はじめに　128 ／ 2.　トランプ大統領の出現　129 ／ 3.　アメリカの中間
　層の創出と崩壊　131 ／ 4.　戦うための「基本原則」とは　133 ／ 5.　マイ
　ケル・ムーア『華氏 119』の主張　135 ／ 6.　戦い続けるために　138

映画評／『ビリーブ：未来への大逆転』最高裁判事，ルース・ベイダー・
　　　　ギンズバーグがたどった軌跡　141

　1.　2019 年に公開された 2 作　141 ／ 2.　映画のストーリー　142 ／ 3.　最
　高裁判事に女性が入る　144 ／ 4.　最高裁判事に黒人が入る　146 ／ 5.　反
　トランプのアイコンとして　147

■■■ Ⅲ.　世界の趨勢と歴史から学ぶ ─────── 151

映画評／『かもめ食堂』に集う，普通の女たちの冒険物語　152

　1.　口コミによるヒット　152 ／ 2.　ストーリー　153 ／ 3.　なぜ，フィンランド
　なのか　155 ／ 4.　フィンランドという国　157 ／ 5.　新しい冒険のはじまり
　159

映画評／『ミレニアム：ドラゴン・タトゥーの女』に見る福祉国家スウェー
　　　　デンの現実　161

　1.　スウェーデン製の，スウェーデン語による映画　161 ／ 2.　映画のストーリー
　162 ／ 3.　原作と著者　164 ／ 4.　福祉国家スウェーデン　166 ／ 5.　映画
　に描かれる暴力　168 ／ 6.　スウェーデンと「女性への暴力」　170 ／ 7.　福
　祉国家のジェンダー課題　172

映画評／『Shall we dance?』の日米比較　176

　1.　日米の競作　176 ／ 2.　シナリオの違い　177 ／ 3.　「ラスト」の違い
180 ／ 4.　女性の現実を描くということ　181

**映画評／『隠された日記〜母たち，娘たち〜』女性解放運動がフラン
　　　スにもたらしたもの**　184

　1.　映画の見どころ　184 ／ 2.　ストーリー　186 ／ 3.　1968 年の 5 月革命
188 ／ 4.　その後の進展　189 ／ 5.　なぜフランスでは出生率が高いのか―
「フランス型福祉国家」の挑戦　191

**映画評／『オレンジと太陽』が描く，イギリスの児童移民政策を明らか
　　　にするソーシャルワーカーの戦い**　194

　1.　監督・原作・経過　194 ／ 2.　ストーリー　196 ／ 3.　イギリスのソーシャ
ルワーカーとは　199 ／ 4.　児童移民政策の目的とその後　201

映画評／『砂の器』ハンセン病をめぐる差別と排除の長い歴史　205

　1.　映画のストーリー　205 ／ 2.　松本清張の原作　207 ／ 3.　捜査の進展
と結末　208 ／ 4.　ハンセン病をめぐる政策史　210 ／ 5.　TV ドラマとしてリ
メイクされた『砂の器』　213 ／ 6.　ハンセン病をめぐる今日の現状：差別に
ついて考える　215

**書　評／ミシェル・オバマ著・長尾莉紗・柴田さとみ訳
　　　　『マイ・ストーリー』**　217

　1.　本書の成り立ち　217 ／ 2.　子ども時代を過ごしたシカゴの黒人街　219 ／
3.　高等教育へと背中を押したもの　222 ／ 4.　オバマから受けた影響―自
分が本当にしたいことを仕事にする　224 ／ 5.　ホワイトハウスを後にして
227

初出一覧　229
著者略歴　230

Ⅰ．女性と社会福祉政策

映画評

町と自分の人生のために：女たちの挑戦を描く『フラガール』

1. 石炭産業の衰退

かつて石炭産業は日本の基幹産業であり，日本の経済成長を牽引した機関車でもありました。北海道，福島県，山口県，福岡県，佐賀県，長崎県が主産地で，最盛期にはそれらを中心に日本全国で800もの炭坑が稼働していました。石炭が「黒いダイヤ」と呼ばれていた，戦前戦後の時代のことです。しかし，エネルギーの主役が石炭から石油に取って代わったこと，コストの低い外国産の石炭が入ってきたことにより，1960年代になると石炭産業は衰退の一途を辿り，各地の炭坑が相次いで閉山しました。ヤマ（炭坑）が閉山すると，石炭に依存していた地域経済は大きな打撃を受け，町の再生は容易ではありません。近年では，炭坑の町からの転換を試みた夕張市の窮状が報道されましたが，夕張炭坑の最後の火が消えたのは1982年。かなり遅くまで稼働していた炭坑です。現在では稼働しているヤマは，釧路炭坑の1箇所のみです。

茨城県北部から福島県にかけて広がる常磐炭坑は，本州最大の炭坑でした。江戸時代末期より石炭の採掘が行われていましたが，1950年に始まった朝鮮戦争による「特需」で，第二の全盛期を迎えました。1953年には130の炭坑が操業し，従業員数は16,000人，年間360万トンもの石炭を産出していました。しかしここにもエネルギー革命の波が押し寄せ，1962年には2,000人におよぶ人員整理が

行われました。そしてさらなる衰退に立ち向かうために，炭坑に代わる地域産業を立ち上げるのです。

　目を付けたのは温泉でした。常磐炭坑では石炭を掘ると温泉が出たのです。この温泉は石炭掘削の妨げであり，劣悪な労働環境や生産力ダウンをもたらす「負」の資源でした。石炭を1トン掘るためには何と40トンの温泉を汲み出すほどで，当時一日の湧出量は，日本の総人口に毎日一合の温泉を分けられる程の量だったといいます。「やっかいもの」の温泉を利用して常夏の楽園を売り出そう，というのは雇用対策を迫られた常磐炭礦株式会社の中村豊社長の大胆なアイデアでした。常磐炭礦株式会社は，企業の存続と地域経済の再生をめざし，1963年に「温泉レジャー施設」の建設計画を発表したのです。

　「温泉レジャー施設」の売り物として考えられたのは，暖かさを象徴するもの──熱帯樹とフラダンス，そしてハワイの雰囲気でした。東北では育成するのが難しいといわれたヤシの木を温泉の地熱を利用して育成し，エンターテイメントとしてハワイの伝統の踊りであるフラダンスを見せる──周囲の度肝を抜く大胆な発想でした。

　そして1966年にオープンしたのが，「東北のハワイ」といわれた「常磐ハワイアンセンター」。瞬く間に大人気となり，年間入場者数150万人を超す賑わいとなりました。炭坑時代の借金を10年で返済し，ヘルスセンター文化の走りとなったのです。「常磐ハワイアンセンター」は1990年に名称を「スパリゾートハワイアンズ」に変更して，今もなお地元と一体となった温泉リゾート施設として人気を博しています。2006年に上映された映画『フラガール』(李相日監督)は，「常磐ハワイアンセンター」開業にこぎ着けるまでの，常磐炭礦の再

生の実話に基づいているのです。

2. ストーリー

　起死回生のアイデア，「常磐ハワイアンセンター」の呼び物のフラダンサーは，炭坑関係者の子女から募集されました。それに応じたのはわずか4人。炭坑夫の娘たちや組合の子持ちの事務員（南海キャンディーズのしずちゃん，池津祥子，徳永えり），そして高校生の紀美子（蒼井優）も友人に誘われて参加します。誰もフラダンスを見たことも，踊ったこともないけれど，町と自分たちの人生のために立ち上がったのです。会社の新しい事業が成功すれば，一家離散にならずにこの町で生きていける，フラガールという仕事で自分の人生を切り開くことができる……。その炭坑の娘たちにフラダンスを教えるためにハワイアンセンターの吉本部長（岸部一徳）は，東京から平山まどか先生（松雪泰子）を招きます。

　元花形ダンサーのまどか先生は，最初は田舎町を軽蔑し，まったくのど素人に嫌々ながら教えていました。しかし，紀美子をはじめとする炭坑の娘たちのひたむきな熱意にほだされて，忘れかけていたフラダンスへの情熱を再燃させます。フラダンサーの志望者も増えて，10ヵ月後のハワイアンセンターのオープンに間に合うように，全員一丸となっての猛特訓が続けられます。

　炭坑には「一山一家」という言葉があります。炭坑で働くことは常に危険と背中合わせのため，一つのヤマを掘るのに全員が一丸となって団結する，という意味です。この精神に基づいて全員が一致団結し，悪戦苦闘しながら涙と感動のステージを実現するまでを映画は描きます。

しかし，それまでの道のりは簡単ではありませんでした。まず，地元いわきではフラダンスが理解されず，「炭坑の娘が裸で腰振りダンスをするなんて」という偏見がありました。紀美子も家族に内緒で練習に参加していたのですがバレてしまいます。紀美子の父は落盤事故でなくなり，母（富司純子）も兄（豊川悦司）も炭坑で働いています。炭坑を閉じて「ハワイ」を作ることには大反対の母とケンカして，家出をして練習所に寝泊まりするハメとなります。「よそ者」のまどか先生は，「ハワイ」に反対する地元の反発を一身に受けてしまいます。紀美子をフラダンスへ誘った友人は，炭坑夫の父親が人員整理によりクビになり，北海道の炭坑へ移住することになります。幼い弟妹の面倒を見なければならない友人は北海道へ行かざるを得ず，泣く泣くフラダンスをあきらめます。メンバーの一人の父親が亡くなるという落盤事故も起こります。

　そのような苦難を乗り越えて，紀美子はチームのリーダーとして熱心に練習に励みます。それを見て母も，「プロのフラダンサーになる」という紀美子の希望を理解し，陰ながら応援してくれるようになります。ハワイアンセンターのオープンの前触れ公演として全国をバスで回って公演をしながら，まどか先生と教え子たちは「一山一家」を地でいく固い絆で結ばれていきます。次の公演地へ移動するバスのなかで，まどか先生と紀美子の間で次のような会話が交わされます。

　紀美子「先生は，なしてがんばるんだ」
　まどか先生「行くとこないんだよう……どこにも」
　紀美子「したら……ずっと，いわきにいだらいいべさ……」

映画は，4大映画会社ではなく，「シネカノン」による制作であり，2006年9月に全国一斉ロードショー公開されました。口コミで評判が広がって，観客動員130万人，興行収入は15億円を超える大ヒットとなりました。日本アカデミー賞の最優秀作品賞，蒼井優の最優秀助演女優賞，李相日監督の最優秀監督賞・最優秀脚本賞など各賞を総なめにしました。その後も，公民館や学校での上映が続きました。かくいう私も見逃したこの映画を，2007年9月に愛知県立女性会館で行われた愛知国際女性映画祭で見る機会を得たのでした。

3. 撮影とその周辺のエピソード

　映画は，1960年代の雰囲気をよく描いています。それというのも，常磐炭礦株式会社（現・常磐興産）の炭住は北茨城市内にまだ残っていて，そのなかの「神の山住宅」と「中郷住宅」を使って映画のロケが行われたからです。朝日新聞の記事によると，それらの炭住はきれいに手入れされて保存されているそうです。そのような臨場感あふれる舞台設定と，まどか先生の「60年代ファッション」は対照的です。「奥様は魔女」のサマンサ風の髪型，ファッションでさっそうと町を歩くまどか先生。なまり丸出しの素朴な人々の質素な炭住での生活。このような「あこがれ」や「希望」こそ，ハワイアンセンターの奇抜な発想の源だったのかもしれません。そしてプロのダンサーであるフラガールとは，「あこがれ」や「希望」の象徴でもあったのです。

　映画の圧巻は，何といっても「常磐ハワイアンセンター」オープン時のフラダンスのシーン，最後のクライマックスです。まどか先生役の松雪泰子や4人のフラガールをはじめとして，総勢20名の女

優陣はそのために3ヵ月間の特訓を積んだそうです。その成果がいかんなく発揮されるショーのシーンでは，オープンに押しかけた大勢の観客の前で，全員見事なフラダンスを披露します。なかでもフラガールをバックに引き連れてソロで踊る蒼井優は，観客を総立ちにさせます。

　蒼井優は撮影当時21歳，若手女優ナンバーワンといわれていますが，結構芸歴は長く，新人女優ではありません。ミュージカル『アニー』のオーディションで約1万人の応募者のなかから選ばれ，1999年にデビューしています。その蒼井優のフラダンス（松雪泰子のフラもすばらしい）は一見の価値があるといえるでしょう。

　1964年の日本観光協会の調査によると，当時，一番行ってみたい国のナンバーワンは「ハワイ」。しかし同時に，海外旅行に出かける「機会がない」「行けない」と回答しており，ハワイは当時の日本人にとって，遙かに遠い南の国だったことがわかります。その「夢の島ハワイ」をイメージした日本初のテーマパークとしてオープンした「常磐ハワイアンセンター」オープン当時の入場料は350円。土産品として人気のアロハ，ムームーが各300円。「1,000円もってハワイに行こう！」がキャッチフレーズとして使われました。初年度の来場者数は平日で2～3千人，日曜は約1万人の人出で賑わい，年間トータルでは入場者は約120万人にのぼりました。

　誰でもハワイに行ける時代にはなったけれど，その後もその人気は継続して，2006年には「常磐ハワイアンセンター」オープンからの入場者数が延べ5千万人を突破しました。現在では入場料は大人3,150円，小学生2,000円で，年間150万人以上が訪れています。呼び物のフラダンスショーは，1日2回行われています。

映画が実話をもとにしているのだから，フラガールにも実在のモデルがいます。「常磐ハワイアンセンター」のオープンを1年後に控えた1965年，フラダンサー養成のために日本初のフラダンス・ポリネシア民族舞踊の学校である「常磐音楽舞踊学院」が設立されました。1期生（この映画に登場するフラガールたちのモデルです）として，15歳から21歳までの18名が集まりました。この「常磐音楽舞踊学院」で素人の娘たちにダンスを教えた，まどか先生のモデルは早川和子（ハワイアンネーム・カレイナニ早川）さん。幼少の頃からバレエを習っていた早川さんは，1956年にハワイに渡ってポリネシア民族舞踊を学んだ，フラダンスの草分け的な人です。「常磐音楽舞踊学院」で22年にわたって教え，「常磐ハワイアンセンター」のショーの構成・演出・振付を担当しました。また，日本初のフラスタジオである早川洋舞塾を1976年に開塾し，更に各カルチャー教室でフラ講座を持つなど，フラダンスを通してハワイと日本との文化交流に努めました。フラ人口50万人とも言われる，現在のフラブームを作り上げたおおもとの人なのです。映画上映時には「常磐音楽舞踊学院」最高顧問であり，月1回は指導にあたっていたそうです。

　一方，紀美子のモデルである小野（旧姓豊田）恵美子さんはいわき市出身，父も働いていた常磐炭礦で庶務の仕事をしていました。フラガールとしてオープンから1976年までハワイアンセンターの舞台に立ち，その後，後進の指導にあたります。現在は「常磐音楽舞踊学院」の教授で，いわき市の他，郡山，仙台市内にもフラスクールを開いています。まさに「プロのフラダンサー」を一生の仕事にしたのです。

（ハピネット，2006年）

〈参考文献〉

「フラガール」公式ホームページ

　http://www.hula-girl.jp/index2.html（2007 年 10 月 1 日アクセス）

「愛の旅人」『朝日新聞』（2007 年 9 月 15 日）

書　評

イエスタ・エスピン＝アンデルセン著・大沢真理監訳
『平等と効率の福祉革命：新しい女性の役割』

1. はじめに

　本書は，ここ20年ほどにわたって，福祉国家研究において最も影響を与えた研究者の一人である，イエスタ・エスピン＝アンデルセンが2009年に発表した著作 *The Incomplete Revolution : Adapting to Women's New Roles*（Polity Press）の全訳である。実は本原本の翻訳に関しては，2009年の9月に，評者もミネルヴァ書房を通して翻訳権の取得を申請した経過がある。評者はそれと同時期に，フェミニスト研究者であるメアリー・デイリーとキャサリン・レイクが出版した，*Gender and the Welfare State : Care, Work and Welfare in Europe and the USA*（Polity Press, 2003）を翻訳出版したのだが（杉本貴代栄監訳『ジェンダーと福祉国家：欧米におけるケア・労働・福祉』ミネルヴァ書房，2009年），同書はここで取り上げるエスピン＝アンデルセンの本書につながる著作であった。同書は，ジェンダーと福祉国家の関係を，ケア，仕事，福祉という3つのレンズを通して分析したものであり，具体的には，アメリカとヨーロッパの7カ国—フランス，ドイツ，アイルランド，イタリア，オランダ，スウェーデン，イギリス—の計8カ国を取り上げて，入手できる最新のデータを使用して比較検討したものであった。エスピン＝アンデルセンの原本を一読し，是非翻訳したいと評者からミネルヴァ書房に申し入れ，翻訳権の取得に入札（？）してもらったという経緯があった。数社の出版社が翻訳権の

獲得に名乗りを上げたと聞いている。残念ながら評者は翻訳権を獲得できなかったのだが，本書の翻訳出版を心から待ち望んでいた一人であることは間違いない。本書の書評を行う，多少なりとも「権利」があるのではないだろうか。

　本書の主要な議論は，女性の役割の革命は進行しているがそれは未完であり，そうした未完の革命は重大な社会的不均衡を伴いがちである。その不均衡を解消するためには，女性の役割の革命に対して福祉国家を適応させることが欠かせない—よりジェンダー平等主義的な福祉国家が必要である—ことである。このようなエスピン＝アンデルセンの提唱は，何も目新しいことではない。本書に先立って翻訳出版された『アンデルセン，福祉を語る』(2008年) のなかでも同様なことが主張されている。しかし同書は，エスピン＝アンデルセンがフランスの一般読者向けに書き下ろした啓蒙書であり，本書の方が多くの資料やデータを駆使して説明を行っていて，より詳細にその主張を理解することができる。まずは，目次に沿って内容を紹介しよう。

2. 本書の内容

　第1章「女性の役割の革命と家族」では，革命がいかに進行しているかを先行研究や豊富なデータを駆使して証明する。本書は「あとがき」にもあるように，革命が最も進んでいる社会を分析の対象とするため，実証的研究の対象を北アメリカと北欧においており，特にそれらの国におけるデータが使用される。それらのデータから，結婚することや親になること，働くことに関する男女の決定がいかに変化したかを検証する。戦後の20 - 30年だけでなく長期的なデー

タを使用しているが，その転換期はベビーブーム世代に集中している。結果として女性たちは全般的に，そして高学歴女性は特に，出産によって就業を中断することが少なくなり，中断期間も短くなった。また，結婚したらほどなく出産するという習慣は，それ以外のさまざまなライフコースに取って代わられた。同棲や結婚外といった生き方が急増したのだ。こんにち，出産のタイミングや子どもの数に関する決断と主に関連するのは，夫ではなく，女性自身の特徴，即ち彼女のキャリアの進捗状況や稼得，職務特性などであり，家族に優しい福祉国家の存在である。これらすべてから，単一の要因としては最も良く低出生率を説明するのは，根強いジェンダー不平等である。つまり，ジェンダー平等度が高いと出生率も高いというプラスの相関がある。また，誰と結婚するかに関する決断も明らかに変化した。パートナーシップは，ますます教育に関して，選好や趣味に関して，同類婚になっている。この傾向は，高学歴の人の間で特に顕著である。

　女性の役割の革命は進行しているけれども，高学歴の中流階級の女性から始まるという，明らかに階層化された方法で展開している。この革命は学歴の階段の下方までは未だ浸透していない。女性の革命の完成が近いかどうかは，より教育年数が短い女性が，または教育年数が短い男性と結婚している女性が，どのくらい高学歴グループの後に続くかに依っている。

　第2章「新しい不平等」では，ジェンダー平等化が未完で階層化されている場合，それが逆説的に社会の不平等を助長することを明らかにする。女性の役割の革命と知識経済の成熟は，経済的富と社会的革新を生み出すことに寄与するが，それらはまた新しい社会的

リスクと不平等をも引き起こすからである。1) 所得の不平等が高まること，2) 就業者が多い世帯と少ない世帯とに2極化すること，3) シングルマザーのように伝統的に脆弱なグループでリスクが高まること，により不平等が拡大する。不平等が高まると，その影響は今日の生活水準の分布のみならず，後に続く世代にも及ぶ。家族間の所得が不平等であるほど，子どもに対する親の投資もより不平等になる。このような状況は，次のような変化により一層促進される。1) 離婚のパターンが階層化していること（高所得層でも離婚はあるが，低所得カップルの方に離婚が多いこと，離婚とシングルマザーになることが教育年数の短い人々に偏っていること），2) 結婚における選別のパターンが変化したこと（伝統的な男性の上昇婚モデルが減少し，同類婚が増加している。特に所得ピラミッドの頂点で増加している。同類婚は社会を平等化しない），3) 共稼ぎ家族が拡大することにより所得格差が拡大すること。これに関連して，子どもに対する親の投資も不平等になる傾向がある。

　第3章「家族政策を女性の革命に適応させる」では，女性の革命の成就を加速させるための新しい家族政策を提唱している。女性の革命に家族政策が対応していないため，多くの先進諸国が緊迫した状態に直面している。母親であることとキャリアとが調和しないと，「低出生均衡」か，「低所得・低就業均衡」がもたらされるとして，本章では特に，出産をめぐるジレンマに焦点が当てられる。現在では，1) 国際比較データは，就業率と出生率はプラスの相関関係にあることを明らかにした。2) 多くの国で教育年数が短い女性の出生率がより高い傾向が続いているが，スカンジナビア諸国には当てはまらない。ゆえに出生率のカギは，女性の新たな役割と，女性が生涯

にわたって雇用に従事することを家族政策がどう支えるかにかかっている，といえるのである。

　また，父親の育児参加についても言及していて，女性の革命が未完である理由は，女性のライフコースにおける行動がますます「男性化」しているのに，それと平行して男性の側で徹底した「女性化」が進んでこなかったことにもあると指摘する。父親の育児参加は社会のピラミッドの上半分に限定されていること，教育レベルによっても異なることがいくつかのデータから明らかにされる。

　第4章「子どもに投資しライフチャンスを平等にする」では，社会的相続の重要なメカニズムは就学前の時期にあることがおおむね合意されていること，また就学前の子どもの養育はもっぱら家族環境に依存しているため，その時期の家庭環境に分析の焦点があてられる。「金銭」効果，「時間投資」効果，「学習文化」効果，の3種類の家族効果が考察される。そして3種類のいずれからも，所得と学歴との相関関係が証明される。つまり，貧しい子どもは貧しい親になる確率が高い。ゆえに，0－6歳の就学前児童へ投資をすることが，機会の平等への最も高い効果を生む。具体的には，保育サービスと就学前教育，母親の雇用を継続させる有給の出産休業と1年間の育児休業（他の部分の記述から，エスピン＝アンデルセンは，出生後1年以内の子どもが家庭外の保育を受けることは子どもの発達にとって有害となりかねない，と考えているようである。ゆえに育児休業はより重要な政策となる）が必要であると主張する。アメリカの低所得児童のための就学前教育である，ヘッドスタート・プログラムのようなものが他国でも必要であること，また大規模な移民集団を抱えるEU諸国においても，なんらかのアファーマティブ・アクションの検討が必要で

あると提唱する。

　第5章「高齢化と衡平」では，高齢化によってもたらされる不平等について分析する。世代間の不平等については今までも他の論者によって指摘されてきたが，本書では世代内の不平等についても言及している。例えば，引退年齢の引き上げは，世代間の不平等の是正には有効であるが，世代内の不平等を増幅するかもしれない。なぜならば専門職は肉体労働者より余命が長い傾向があり，余命の短い人にとっては引退年齢の引き上げは不公平となる。このように健康や寿命や障害は富と強い相関関係にあるため，世代内の衡平性をめぐる問題は複雑である。今までの章で見てきたように，今日の若者の間に起こった変化—晩婚化，離婚者・生涯独身者の増加は，高齢期に貧困に陥るリスクを高くする。経済が知識集約的になっていくにつれて，教育年数が短く認知的スキルが充分に身についていない人々は，低賃金で不安定な雇用に閉じ込められる傾向をいっそう強めていくだろう。決して忘れてならないのは，高齢者の福祉は，彼らのライフコースの成果であるということ。良い労働生活を送るために必要とされる条件—特に教育，スキル，能力は，より高く求められ，そしてこれらが発達するためのタネは，幼少期のきわめて早い時期に蒔かれるのである。だから良き高齢者政策は，赤ちゃんから始まるのである。将来において衡平な老後を実現しようとするならば，子ども期における認知力への刺激と教育達成を，今確実に平等化することである。

3. 解題と翻訳について

　そして本書の巻末には，監訳者の大沢真理等による，かなり長い

解題が付けられている。

　解題は，エスピン＝アンデルセンの研究についての解説部分と，日本の女性の現状分析に分かれているが，後者がその大部分を占める。前述したように本書は，その分析の対象を北米と北欧諸国に当てているため，日本は分析の対象となってはいない。ゆえに日本における「女性の革命」の進捗度を解題で検証しようというわけである。それらのデータが明らかにするのは，日本では高学歴女性（4年制大学・大学院卒業）の就業率が特に高くはなく，就業期間が長くもないこと（まず，高学歴女性が少数で，若い層に偏っている），また離職期間と学歴間の差も大きくはないことである。本書の本文によると，欧米のほとんどの国では，高学歴女性の就業中断はまれであり，中断しても非常に短い。これに対して教育年数が短い女性の間では中断する者が多く，その期間も長いため，学歴間の離職経験の差が顕著であるのだが，そのような状況は日本では起きてはいない。エスピン＝アンデルセンは，高学歴女性が既に展開している「革命」に，教育年数の短い女性がいかに加わるかが課題であると論じているのだが，日本では高学歴女性ですらも「革命」には乗り出してはいない状況をデータは明らかにする。

　では，今後も高学歴女性がキャリアを継続せずに，女性間の格差が広がらないのならば，エスピン＝アンデルセンが憂うような社会の不均衡は日本では生じないのだろうか。いや，既に社会の不均衡は深刻化していること，むしろ女性の革命が萌芽的でしかないことが，不均衡を深刻にしていると解題は述べている。エスピン＝アンデルセンは福祉国家による所得再分配が子どもの貧困を克服する効果に着目したが，日本の再分配の現状は，むしろ「男性稼ぎ主」型

世帯に有利であり，それからの脱却が必要であることを結論づけている。

　本書の翻訳に名乗りを上げた，と冒頭に記した。そのため，翻訳や解題には多少厳しい見方になるのかもしれないが，この解題は果たしてあったほうがよかったのだろうか，という疑問が残る。日本の女性の「革命」の進捗度を示すデータは，それなりに参考にはなるが，紙幅の関係だろうが中途半端な一部のデータの羅列である。別な場で論じた方が良かったのではないか。また，監訳者の研究の紹介やエスピン＝アンデルセンとの校正作業のやりとりは，「自慢話」と受け取られかねないだろう。事実，ネット上のブログでは，「我田引水の解題はないほうがまし」という厳しい批判が書かれている。

　書いた人は山形浩生さん，朝日新聞の書評欄で本書の書評を書いた人である。朝日の書評では，解題については「監訳者の解題は，日本女性の低い社会進出状況については詳しいが，本書の議論の核心にほとんど触れず不満」（朝日新聞2011年10月30日）と一言述べられているだけであるが，ブログ上では，「紙幅がなくて一行しか書けなかったけれど，ぼくは本書に対する誤解を招きかねないものとして積極的に批判されるべきだと思う」からはじまって，自分の専門のジェンダー何とかにつながる話ばかりに終始していること，そんなの解題じゃなくて自分の研究紹介であること等々，長々と批判をしている。つまり，朝日新聞の書評欄には書かなかった（書けなかった？）「裏話」を開陳している。恐ろしい時代になったものである。従来であれば，書評に書くなら書く，書かなければそれまで，であった。友人と「裏話」をすることもあっただろうが，それはその場だけの話しで，公にするものではないはずである。それが公になって

しまう時代になったのだ。しかし，ブログで開陳したいほどの批判なら，きちんと朝日の書評で批判するべきだったと思うのだが。

　この山形さんの「裏話」にも出てくるのだが，翻訳に関して言えば，書名には異論がある。日本語の書名は『平等と効率の福祉革命：新しい女性の役割』であるが，原題は，前記したように *The Incomplete Revolution : Adapting to Women's New Roles* である。英語に忠実に直訳すれば，「不完全な革命—新しい女性の役割に適合させる」である。「不完全な革命が行われているので，新しい女性の役割に適合させるように社会を作り変える必要がある」という意であるはずである。そうであるならば，タイトルを「平等と効率の福祉革命」としたのはともかく，「新しい女性の役割」というサブタイトルは，内容を正しく著していないだけではなく，読者に誤解を与えかねない訳語だと言わざるを得ない。

4．エスピン＝アンデルセンとフェミニスト研究

　本書の内容について評価をする前に，エスピン＝アンデルセンとフェミニスト研究の関わりを振り返っておこう。20世紀最後の10年における福祉国家研究の大きな特徴は，ひとつはエスピン＝アンデルセンによる福祉国家類型論であり，いまひとつは，彼の類型論に触発されたかたちで発展した，フェミニスト研究者たちによる福祉国家をめぐる議論であった。そう総括すると，前者には同意するものの，後者については疑問に思う人が多いに違いない。日本においては社会福祉の領域とは，近年になってこそ介護役割や母子世帯問題等の女性の抱える困難が取り上げられるようになったものの，フェミニズムの影響を受けることが少ない領域であることは，評者

もたびたび指摘している。エスピン＝アンデルセンの福祉国家類型論へのフェミニスト研究者からの批判は日本でも紹介されてはいるが，いずれも2000年以降のことであり，また頻度も少ない。欧米と日本のこのような「差」とは，翻訳による「時差」の反映ともいえるだろう。エスピン＝アンデルセンが福祉レジーム論の嚆矢となった *The Three Worlds of Welfare Capitalism*（Polity Press）を出版したのが1990年。今ではその著書のなかで提起された，自由主義的，保守主義的，社会民主主義的という福祉国家の3類型はよく知られているが，その著書ですら日本で翻訳出版されたのが2001年であった（『福祉資本主義の3つの世界―比較福祉国家の理論と動態―』（岡沢憲芙・宮本太郎監訳，ミネルヴァ書房）。1990年の著作の出版の直後から多くの研究者が，なかでもフェミニスト研究者からの批判が提出されたのだが，それらが日本で紹介されたのは上述したように2000年以降のことであった。

　では，エスピン＝アンデルセンの同書は，フェミニスト研究者からどのような批判を受けたのだろうか。キルキーは，エスピン・アンデルセンへのフェミニストからの批判をレビューしているが，それによると批判の論点は，1) 家族の不可視性，2) 脱商品化，3) 階層化，4) 福祉国家の発展，の4点に関するものであり，なかでももっとも本質的な批判は，4) の脱商品化指標の検討であるとしている。脱商品化の定義とは，「個人あるいは家族が，市場参加の有無にかかわらず，社会的に認められた一定水準の生活を維持することができるその程度」である。つまり，労働能力のない人も含めて，あらゆる個人が労働市場への参加やそこでの労働パフォーマンスに関係なく，社会的に受容されている生活水準を享受できる状態と規定され

ている。エスピン＝アンデルセンは具体的な作業としては，平均的賃金水準に対する公的年金給付の最低水準の比率，平均的な所得に対する年金給付の割合，年金受給資格を得るのに必要な拠出期間，個人によって負担される年金財政部分の比率，年金受給可能人口に対する年金受給人口の割合，という5つの指標により，各国の脱商品化度を測定した。つまり，フェミニスト研究者らは，脱商品化論は労働力が既に商品化されている男性労働者を前提にした議論であり，無償の家事労働から脱却して労働市場に参加することが課題となっている女性を埒外に置いた議論であると批判したのだ。

　これに対してエスピン＝アンデルセンは，フェミニストからの批判を大筋で認めた上で，脱商品化という指標に加えて新たに脱家族化という指標を設定して批判に答えようとした。脱家族化とは，彼の定義によると，「家族の福祉やケアに関する責任が，福祉国家からの給付ないしは市場からの供給によって緩和される度合い」あるいは「社会政策が女性を自律的に『商品化』し，独立の家計を形成することができる程度」を指し，福祉政策の展開によって女性がいかに介護・育児負担を軽減され，自律の基盤を獲得しているかを計る指標である。

　一方でフェミニスト研究者たちは1990年代に入ると，これらの批判を踏まえて，ジェンダーを考慮した指標や新たなコンセプトを使用することにより，福祉国家の新たな類型化を行うことに着手する。それらの代表的な研究として，ジェーン・ルイスの「男性稼ぎ手モデル」，ダイアン・サインスベリの「個人モデル」をあげておこう。このような福祉国家研究の潮流（エスピン＝アンデルセンのフェミニスト研究者の批判に答えた修正や，フェミニスト研究者による新たな福祉国

家類型論を含めて）は，フェミニスト研究者によって「福祉国家研究のジェンダー化—福祉国家の分析のなかにジェンダーを持ち込むこと」と名付けられ，福祉国家研究の大きな潮流となったのである。

5. 本書の特徴と日本の課題

　さて，本書の内容に戻りたい。「2. 本書の内容」で多少詳細に触れたように，本書のテーマは，欧米諸国で 20 – 30 年前から進行してきた女性の役割の「革命」とその影響についてである。「革命」とは，女性が主として家事や育児に関わるのではなく，生涯を通じて職業に従事し，経済的に自律するという役割の変化をさす。その革命の進行は国によって差があるが，1 国内でも社会階層，とりわけ教育年数によって差が出ている。すなわち，高学歴層の女性の人生は職業を中心とするようになるという意味で「男性化」し，また男性は子どもや家庭に多く関わるようになるという意味で「女性化」し，ジェンダー平等に近づいている。一方，教育年数の短い人々の間では，性別分業が依然として強く，従来型の役割が踏襲されがちである。本書の原題に「未完の革命」とあるのは，高学歴層ではジェンダー平等化しているが，教育年数の短い層ではそういう変化が少ない，ということを意味している。

　著者が懸念するのは，革命が未完であることにより，社会に深刻な不均衡が生ずるからである。そのような社会の 2 極化を防ぐためには，福祉国家が女性の役割の変化に適合する必要があると主張する。各国の最新のかつ詳細なデータに裏打ちされたこのような分析と提言は，十分な説得力を持つ。本書が高い評価を受けているゆえんである。

本書の高い評価については他の書評でも述べられているので，こ
こでは本書の特徴—あるいは効果と言っても良いかもしれない—に
ついて3点述べることにとどめよう。

　まず一つは，本書は『福祉資本主義の3つの世界：比較福祉国家
の理論と動態』以来ずっと継続して展開されてきた，比較福祉国家
論（あるいはそれ以後の著作で展開されてきた「福祉レジーム論」）の議
論を展開したものではないということ。従来議論が集中した，「脱家
族化」についても改めて説明もなく，追加や補足の議論もない。今
までの議論を知らずに本書だけを読んだのではわかりにくいだろう
（ゆえに解題でその議論の経過を説明しているぐらいである）。つまり本
書は，そして『アンデルセン，福祉を語る』もそうであったが，前
著等で展開した比較福祉国家論や比較資本主義の議論を一歩進めた
ものではない。社会や家族の内部で進行している変化—女性の役割
の変化—を切り口として，最新の経済学や社会学の実証研究を取り
入れて福祉国家のあり方を分析し，政策を提言したきわめて実践的
な書なのである。その主な理由として，女性の革命が展開する方向
にとって政策が重要であると認識するようになったことを，エスピ
ン＝アンデルセン自身が述べている。エスピン＝アンデルセンの新
しい福祉国家研究の手法と段階を示したものといえるだろう。

　2つ目の特徴は，より明確にジェンダー視点を取り入れたというこ
と。「4. エスピン＝アンデルセンとフェミニスト研究」でも記述し
たように，エスピン＝アンデルセンは『福祉資本主義の3つの世界：
比較福祉国家の理論と動態』出版後に受けたフェミニスト研究者た
ちの批判を積極的に取り入れており，いわばプロ・フェミニストと
いえると思うのだが，女性の変化に焦点をあて，それに社会の変革

の原因と趨勢を求めている今回の研究手法は，よりその立場を鮮明にしている。「女性の役割の変化」という「事実」があるからこそなのではあるが，このようなエスピン＝アンデルセンの主張は，ジェンダー視点が重要であるというフェミニストの主張の後押しとなるに違いない。特にそのような研究視角を取り入れることに遅い日本においては，「エスピン＝アンデルセン効果」とでもいうものが期待できるかもしれない。一例をあげれば，本書のデータとして女性就業率と出生率のプラスの相関が示されているが，日本においてはその有効性とデータの根拠については未だ議論の最中にある。議論のための議論ではなく，その先の政策をめぐる議論に進む契機になるかもしれない。

　最後の効果は，日本における「女性の役割の革命」について考察する契機になるということ。既述したように，本書は日本のことにはまったく言及されていないし，著者による「日本語版へのあとがき」といったものも付されていない。ゆえに本書を読んだ日本の読者の勝手な思いではあるのだが，本書でエスピン＝アンデルセンが提唱する，「ジェンダー平等な福祉国家政策」の日本版を検討する機会になるということである。

　解題で示されているデータを見ても（あるいはデータなんか見なくても），本書で示されている国々と比べて日本の女性の就業率がきわめて低いことは明らかである。一方では，他国に生じているような不均衡は私たちの周りにいくらでも見つけることができる。出生率は低下し続け，貧困な子どもが増加し，高齢者の生活は2極化しつつある。本書に書かれている，革命が未完であればある分だけ，その結果としてもたらされる不平等が大きいということの究極の証明の

ような日本の現実がある。

　本書に取り上げられた他国と比べても，日本が一定のパターンに収まらない独特な国であることは明らかである。エスピン＝アンデルセンに端を発した比較福祉国家論の議論でも，日本が「独特な福祉国家」であることは，多くの論者によって指摘されている。日本の福祉国家がどの類型に属するかという議論もさまざまである。社会保障支出の程度や社会保険プログラムの特徴からすると，ティトマスの分類でいえば産業的業績達成モデル，エスピン＝アンデルセンの福祉国家レジーム論でいえばコーポラティズム／保守主義レジュームとして位置づけられるだろう。しかし，公的扶助の給付に伴うスティグマの程度などの社会的市民権の指標からすると，また，女性の労働市場への参加の程度，社会保障制度が男性を扶養者・女性を被扶養者とする家族モデルにどの程度依拠しているかなどのジェンダー的指標からすると，むしろ残余的モデルや自由主義レジュームに近い群に位置すると指摘する論者もいる。つまり，日本が「独特な福祉国家」である理由は，ジェンダー側面とおおいにかかわっている。それであるならば，本書が主張する「ジェンダー平等な福祉国家」とは，日本にとってはより重要な指標となるはずである。

（岩波書店，2011 年）

〈参考文献〉

山形浩生「朝日新聞書評」『朝日新聞』（2011 年 10 月 30 日）
山形浩生のブログ「経済のトリセツ」
　　http://d.hatena.ne.jp/wlj-Friday/20120202/1328144396 （2013 年 10

月31日アクセス）

金井郁「書評」『社会福祉研究』第115号，2012年

四方理人「書評」『社会政策』第4巻第2号

エスピン＝アンデルセン著，京極高宣監修，林昌宏訳『アンデルセン，福祉を語る―女性・子ども・高齢者』，NTT出版，2008年

メアリー・デイリー，キャサリン・レイク著，杉本貴代栄監訳『ジェンダーと福祉国家：欧米におけるケア・労働・福祉』ミネルヴァ書房，2009年

キルキー，マジェラー著，渡辺千壽子監訳『雇用労働とケアのはざまで：20カ国母子ひとり親政策の国際比較』ミネルヴァ書房，2005年

上野千鶴子
『ケアの社会学：当事者主権の福祉社会へ』

1.　社会福祉とジェンダー

　本書は，過去10年余にわたる著者の理論研究・調査研究の集約である。2005年から2009年の4年にわたって『季刊 at』誌上に連載された「ケアの社会学」が中心であり，さらに1999年から2007年まで足かけ8年かけて行われた数次の調査から得られた結果を収録している（それぞれの論文の初出が明記されていないので，一部は推測である）。4部から構成され，詳細な参考文献目録と人名索引を付した500ページに達しようとする本書は，ボリュームだけでも通常の書籍の優に2冊分はあり，まさに上野社会学の集大成というべきものである。しかもテーマがケアであるだけに，著者にとっては新しい領域である社会福祉領域への挑戦であり，直接的には高齢社会と介護保険についてジェンダー論の立場から（そして当事者論の立場から）論じたものである。著者よりもずっと長い期間，社会福祉を研究領域としてきた評者からすると，著者の挑戦にまずは敬意を表したい。

　ジェンダー論の立場から学問領域を再検討することは，日本においてはいずれの領域においても遅かったが，なかでも社会福祉の領域とは，フェミニズムの影響を受けることが少なく，関連領域と比較しても大幅に出遅れた領域であること，社会福祉学はジェンダー・ブラインドであることは，評者がたびたび主張してきたことである。[1]それでも1990年代に入ると，近接領域における研究が進んだことも

あり，社会福祉をジェンダーの視点から再検討することが主張されるようになった。その理由を一言で言えば，女性が社会的な困難を抱えていること，そして現存する社会福祉の制度がそれを充分に援助していないことが明らかになったからである。このような「女性が抱える困難」とは，特に次の4つの局面から明らかになったと言えるだろう。ひとつは，日本が高齢社会に足を踏み入れたこと。高齢社会とは，「女性化する福祉社会」——その対象者も担い手も，また社会福祉政策が想定している担い手も女性が多くを占める社会——であり，高齢社会の困難とはジェンダーと密接に関わる問題であることが明らかになったのである。2つ目は，ドメスティック・バイオレンス（DV）や児童虐待といった社会福祉の「現代的な課題」が，社会的な問題として取り上げられるようになったこと。実はこれらの問題は昔からある「古くて新しい問題」なのだが，女性が抱える深刻な社会福祉の課題としてやっと認識されたのだ。今日では，DVの被害者を援助することは社会福祉の重要な課題となっている。3つ目として，母子家庭が増加し，その抱える困難が明らかになったこと。母子家庭は構造的性差別社会のなかで困難を抱えることが多い世帯であり，新たな援助の体系が模索されている。最後の理由は，少子化社会が進行していること。出生率の低下になかなか歯止めがかからない状況は，「産む性」である女性の抱える困難を社会的な課題にするきっかけとなったからである。このような「不幸なめぐりあわせ」により，女性が抱える困難がやっと「見える」ようになり，図らずもジェンダーが社会福祉の重要な課題であることが明らかになったのである。

　以上のような4つの理由のなかでも，高齢化による理由は，社会

福祉にジェンダーの視点が必要なことをより強調したのではないだろうか。高齢化率が28.4%（2019年）という，（比較できる同年の他国の高齢化率が出そろっていないので正確な比較ができないものの）おそらく「世界一」の高齢社会に突入した日本においては，自分が高齢者になること，あるいは誰かを介護するかもしれないというどちらをとっても「人ごとではない」深刻な問題となったのだ。母子世帯やドメスティック・バイオレンス，あるいは少子化問題よりも「男女共通の課題」として「女性の抱える困難」を納得させる理由となったであろうからである。ジェンダー論の立場から著者が社会福祉に切り込んだ分野が高齢者問題であったことは，ケアが女性の仕事として自明視され，賃金の支払われない不当な労働として扱われてきたこと，それに対して著者の研究の課題であった「不払い労働」から切り込んだという帰結でもあるのだが，ジェンダー論から社会福祉の領域に切り込む「突破口」としては，格好のテーマを選んだ結果となったのである。

2. 本書の内容

　上記したような理由により，近年の社会福祉領域において高齢者問題—とくに介護問題は，たびたび取り上げられる研究テーマである。（おそらく）「世界一」の高齢社会においては，介護問題をはじめとして，高齢者問題は人々の関心の的になっているからである。さらに，世界でも類を見ない公的介護保険が施行されて20年がたち，その功罪や改正の議論も盛んである。本書も，介護保険が施行されなければ書かれなかったであろう内容であり，介護保険は中心の議論である。

本書は4部から構成され，第1部〈ケアの主題化〉，第2部〈「よい
ケア」とは何か〉，第3部〈協セクターの役割〉，第4部〈ケアの未来〉
と続く。

　第1部〈ケアの主題化〉では，本書を貫くケアを定義する。まず
本書では，メアリー・デイリーらの定義にしたがってケアを「依存
的な存在である成人または子どもの身体的かつ情緒的な欲求を，そ
れが担われ，遂行される基本的・経済的・社会的枠組みのもとにおい
いて，満たすことに関わる行為と関係」と定義し，本書の理論的な
立場を明らかにする。

　まず第一にケアとは，複数の行為者が関わる相互行為，相互関係
ととらえる，第二に，「依存的な存在」を第一義的なニーズの源泉と
することで，当事者主権の立場を明らかにする，第三に，「他者に移
転可能な行為」としてのケアを，労働としてとらえる。つまりケア
とは，以下の4つの権利を含むものである。①ケアする権利，②ケ
アされる権利，③ケアすることを強制されない権利，④（不適切な）
ケアされることを強制されない権利，である。

　第2部〈「よいケア」とは何か〉では，高齢者介護に限定したケア
についてさらに考察するが，その中心課題は，家族介護と労働とし
ての介護である。ケアを労働と定義することによって，他の労働と
比較することが可能になる。「不払い労働」理論の最大の理論的貢献
は，「女が家庭でやっていること」を「労働」と定義することで，他
のあらゆる労働と比較し，市場価格を論じることを可能にしたこと
である。ケアワークの値段が，あらゆるサービス労働のうちで低い
評価しか得ない理由は，ケアは女であれば誰でもできる非熟練労働
であり，家族という供給源があるというジェンダーのバイアスが潜

んでいることを明らかにする。

第3部〈協セクターの役割〉では，介護保険下のケア事業の実践について論じている。

再生産労働が家族内で完結しないならば，再生産費用の分配の解決には，私事化，社会化，市場化の3つの選択肢があるが，そのなかで本書では，社会化〈協セクター〉に注目する。協セクターのケア実践の担い手には，さまざまな非営利型，非市場型の公益団体や共助団体，NPO，生協，農協，高齢協，ワーカーズ・コレクティヴ等が含まれるが，なかでも，生協の福祉事業に注目し，一連の調査研究をもとにその有効性を論じている。グリーンコープ連合の福祉ワーカーズ・コレクティヴ活動やNPO「このゆびとーまれ」（小規模多機能型居宅介護事業所）の調査研究を報告する。一方で，成功した協セクターの対照事例として，官セクター（秋田県旧鷹巣町）の挫折を報告している。

第4部〈ケアの未来〉では，ケアという，社会的には重要でありながら報われることの少ない労働の未来について論じている。グローバリゼーション下で介護労働が変質せざるを得ないこと，日本もまたグローバルなケア・チェーンの一環を占めるであろうことは不可避である。では，未来に希望はないのだろうか。著者は，来るべき未来の処方箋として，「社会サービス法」を提示する。「ケアの社会化」の第一歩が介護保険なら，二歩目は障害者自立支援法であり，その完成が老・障・幼統合のユニバーサルな「社会サービス法」であるという。超高齢社会は，すべての人々に遅かれ早かれ「依存的な存在」，すなわち社会的な弱者になることを予期させる。そのような社会においては当事者主権の連帯と組織化が必要であり，同時

にそのような社会には，連帯と共同に向かう希望がある，と述べて
いる。

3. 介護保険の評価

　以上のような多岐にわたる論点を有している本書であるが，紙幅
の関係から，本書を貫く2つの主張について私見を述べることにす
る。「介護保険の評価」と「協セクターへの期待」についてである。

　まず，本書を通じていたるところに（あるいは著者の他書において
も），介護保険への高い評価が述べられていることを取り上げたい。
著者一流の諧謔かとも思ったぐらいだが，そうではないこと，また
詳細に読めば，必ずしも全面的に賛成しているわけではないことは
明らかだが，それでも社会福祉を研究領域とする他の研究者と比べ
ると，明らかにその評価は高い。多くの研究者の評価とは，「早急に
改革すべきもの」あるいは「ないよりはあったほうがまし」といっ
た程度のものであろう。本書はともかく，以下に示すような他書（特
に新聞や語りおろしのような本）での発言は誤解を生んでいるとも思う
ので（事実評者は，学生や院生から説明を求められたこともある），勝手
に解説しておくことにする。

　「日本に国民皆保険で介護保険ができたのは快挙だ」（『朝日新聞』
　2008年1月6日）
　「介護保険はよくできてますよ。まだいろいろ問題はあるけれど，
　できてよかった，介護保険，よ」（上野・古市，2011年）

　本書のなかで著者は，介護保険を高く評価する理由を以下のよう

に述べている。

　　「私は介護保険を『家族革命』と呼んできた。というのも，介護
　保険は，介護の責任，言い換えれば要介護者のニーズを満たす責
　任を（限定付きではあるが），私的領域から公的領域へと移転したか
　らである。もっとわかりやすく言えば，『介護は家族の責任ではな
　い』―保守派の揚げ足取りに配慮してもう少し慎重に言えば，『介
　護は家族だけの責任ではない』―ということに，社会的合意が成
　り立ったことを意味するからである」(p.163)

　さらに評者の「解説」を付け加えるならば，2つ目の論点とも重な
るが，介護保険が協セクター（NPO等）が介護保険指定事業所にな
る道を開いたからである。見えない仕事とされた女の仕事を「まっ
とうな仕事」にするためには，介護保険のような地殻変動が必要だっ
たのである。言い換えれば，地殻変動が必要なほどに，ジェンダー
による壁は厚かったということである。
　しかし，介護保険が家族介護から（一定の条件付きであるが）女性を
解放し，見えない仕事を介護保険の仕組みに組み込んだことを評価
したとしても，そのマイナス面にも注目せざるを得ない。介護保険
は，家族介護を基盤としていないとはいっても，女性の安上がり労
働を基盤にしたシステムであることには変わりはない。
　また，上記した理由により，介護保険への評価が高いとしても，
それは「いつ」からなのだろうという疑問が起きる。公的介護保険
法が成立したのは1997年12月。施行されたのは2000年4月からで
あるが，法の成立時点では，具体的な内容は決まってはいなかった。

「走りながら考える」(当時の厚生省) といわれ, 「やってみなければわからない」制度であった。介護保険をその時点で高く評価できたはずもない。おそらくここ数年の評価であろうと推測する。

　介護保険法成立直前の1995年9月に金沢市で行われた「高齢社会をよくする女性の会」の全国大会に出席したことを思い出す。その大会では, いくつかある分科会のひとつに「介護」が設けられ, 「介護とジェンダー」というシンポジウムが行われ, 著者がコーディネーター, 評者がシンポジストのひとりとして出席したからである。公の場所で, ジェンダーの視点から介護問題を取り上げた, 多分はじめてのシンポジウムであったと思う。当時は介護保険法の成立へ向けてホットな議論が行われていた最中であり, 会議は終始, 介護保険への警戒と批判に満ちていたと記憶している。同会の会長であった樋口恵子さんが, 「介護保険ができたら, 女は家のヨメから社会のヨメになる」という名言をはいたのはその頃であるが, 当時の介護保険をめぐる雰囲気を良くあらわしていた。[2] つまり, 誰も (特に女性は) 歓迎しないなかで介護保険は誕生したのである。やってみたらば上手くいった, というのが10数年後の評価なのだろうか。

　「介護保険は, もとは年寄りのためでも家族のためでもない, 社会保障構造改革の一環として誕生した, 財政健全化路線のひとつだったのよ。不純な動機に, いろいろな人たちの思惑が乗っかって誕生した。でも, 動機が不純でも結果が良ければオーライ, って私は思っている」(上野・古市, 2011年)

　介護保険の「効用」は確かにあると評者も思う。少なくとも介護

保険がなければ，今日のような高齢者サービスの基盤は早急に整備されはしなかった。しかし，「結果オーライ」と言える状況ではないこと，詳細に検討すべき課題は山積している。

4. 協セクターへの期待

　国家に対する依存を相対化しようとする福祉多元社会は，福祉のプロバイダーとして多様なアクターを想定する。さまざまな論者が論じているアクターを著者は整理し，①官セクター（国家），②民セクター（市場），③協セクター（市民社会），④私セクター（家族），という4つの領域に分類する。これら4領域がそれぞれに分担と協力をしながら「最適混合」の達成に向かうとするのが福祉多元社会である。本書の依って立つ「当事者主権」の立場から，著者はこれら4領域のアクターのうち，協セクター（「第3セクター」「市民セクター」「ボランタリー・セクター」などの多様な呼び方もあるが，本書では協セクターという用語が採用された）の果たす役割に注目し，大きく期待する。その具体的な担い手には，さまざまな非営利型，非市場型の公益団体や共助団体，NPO，生協，農協，高齢協，ワーカーズ・コレクティヴ等が含まれるのだが，なかでも著者は，生協の福祉事業―ワーカーズ・コレクティヴに関心を持って一連の調査研究を行ってきたのだが，その結果を踏まえて，「官（公）でもなく，民（私）でもない」領域へ注目する。

　それは次のような理由による。第一には，ケアの市場化オプションが望ましくないということ。市場化することにより，その需要供給バランスのみならず，質的にも淘汰されるという「市場化の効果」は，他の商品はともかく，ケアというサービス商品についてはあて

はまらないことは，いくつもの例をあげるまでもなく証明されている。実際に介護保険が実施されると，採算があわないために短期間で事業所を撤退するところさえ出てきた。高齢者の命と健康を守るという責任のともなう事業を，私益追求の営利法人に委ねるのは適切ではない，と主張する。第二に，官セクター（地方政府または社会福祉法人，社会福祉協議会，福祉公社のような公益団体等）はと言えば，介護保険までは民間のケアワーカーと比べて労働条件が良かったが，介護保険下の独立採算制のもとではもはや成り立たない。これらの理由から，著者は，①私セクターにおける選択の自由に加えて，②ケアの社会化については市場化オプションを避けることがのぞましく，③ケア費用については国家化が，④ケア労働については協セクターへの分配が，福祉多元社会の「最適混合」についての現時点での最適解であると，協セクターへの期待を述べている。

協セクターへの批判としてはしばしば，公助の限界を補完する役割が期待されている，と指摘される。福祉の公的責任を免責し，いわゆる住民参加の「安上がり福祉」をもたらす，という批判である。しかし著者は，介護保険はそのグレーゾーンにはっきりとした境界を持ち込んだ—介護保険指定事業所になるかならないかという選択—という。介護保険施行以降，これらの活動は，保険内事業，保険外有償事業，無償のボランティア活動の3層に分解した。

「私は介護保険が持ち込んだこの区分を歓迎している。これによって市民事業体ははじめて事業体として成り立つ経済的基盤を得た。介護を①能力と経験を必要とし，②社会的に責任のある，③適切な評価と報酬をともなう，社会的に『まっとうな仕事』と

して確立したいと願うからである。」(p.248)

　第一の議論と重なるが，著者が介護保険を評価するのは，このような「新たなシステム」を創設したからである。家族に頼らない介護を，草の根の女性が担う介護のシステムを新たに作り出したからである。

　著者が協セクターの優位性としてあげる，①理念性，②ニーズ中心，③市民参加，④労働者の自己決定・経営参加，⑤経営効率，⑥労働分配率，⑦自治体・行政との協働，には同意しながらも，生協を例にとれば，その期待もあるけれども課題もあることを指摘したい。生協が，わけても福祉ワーカーズ・コレクティヴの活動が主として女性によって担われていること，介護保険よって従来はボランテア，または安価な労働であったケアが，労働として評価されたという点は確かにある。しかし福祉 NPO と比べると，「助け合いの精神」から出発した生協系の活動の運営はボランティア性が強く，労働になじみにくい。評者の行った生協の女性介護ヘルパーを対象とした調査からも明らかである。[3] 生協から生まれたワーカーズ・コレクティヴが介護事業へ参入することの積極的な意義もあるが，一方ではマイナス評価もかなりあることは否定できない。ワーカーズの活動内容と実態に懐疑的な朴姫淑は，著者のワーカーズ女性に対する期待は「片思いで終わるのではないか」と評している。[4]

　一方で，協セクター以外でも，上記した協セクターの優位性（例えば，市民参加，自治体・行政との協働等）を見いだすことのできるケア実践があるのではないだろうか。上記した評者の行った調査からも，例えば，社会福祉協議会（本書の分類では官セクターに分けられている）

で働くケアワーカーのなかには，良い労働条件のもとで，長期間働いている，労働意欲の高い女性ケアワーカーを見いだすことができた。官・民がいかに協働するかは，ケアをめぐる重要な課題である。もちろん，男女がいかに協業するかはいうまでもなく重要な課題である。

（太田出版，2011年）

注
1) しかし，このことは評者だけが主張してきたことではなく，例えば，2010年3月に行われた日本社会福祉学会一般社団法人設立記念企画シンポジウム「社会福祉学に期待する：近接領域からの提言」において著者からも同様の発言もあったし，また2011年3月に行われた社会政策各学協会主催の「ジェンダーと社会政策—各学協会はどうとらえてきたか」シンポジウムにおいても，日本社会福祉学会の取り組みの希薄さが確認されている。杉本（2004）参照。
2) 「高齢社会をよくする女性会」会長の樋口恵子は，1994年に厚生省が立ち上げた，介護保険を検討する有識者会議である「高齢者介護・自立支援システム研究会」のメンバーであったから，当時，介護保険の内容を審議し，注文を付ける立場でもあった。同会の介護保険への内容への注文・批判は熱くて当然であった。なお，同会の活動が，家族介護に現金給付をしない，という決定に大きな影響を与えたことはよく知られている。
3) 評者が調査を行った名古屋市内のM生協では，「助け合い」から始まった介護であるために，ワーカーがボランティア精神を求められることが多く，特にケアマネージャーやサービス提供責任者という職階の人ほど不満度が高いという結果が得られた。杉本（2008）参照。
4) 朴姫淑参照。

〈参考文献〉

杉本貴代栄編著『フェミニスト福祉政策原論』ミネルヴァ書房，2004年

杉本貴代栄『女性が福祉社会で生きるということ』勁草書房，2008年

対談「耕論：われわれはどこへ」『朝日新聞』2008年1月6日

上野千鶴子「社会福祉学に期待する：近接領域からの提言―ジェンダー・当事者学の立場から」『社会福祉学』Vol.51-3，2010年

上野千鶴子・古市憲寿『上野先生，勝手に死なれちゃ困ります：僕らの介護不安に答えてください』光文社新書，2011年

朴姫淑「女縁と生協の女性，そして地域福祉」千田有紀編『上野千鶴子に挑む』勁草書房，2011年

『スタンドアップ』が描く「働く女性の権利」

1.「男の職場」で働く女性が経験したこと

　映画のストーリーは，1980年代の終わりにアメリカ北部のミネソタ州で起きた事実に基づいています。映画の原題が『North Country』であるゆえんです。主要な産業が鉱山しかないそのノース・カントリーに，ジョージー・エイムズが2人の子どもを連れて戻って来たところから映画は始まります。10代で未婚の子どもを産んだジョージーにとって，ふるさとは必ずしも居心地のいいところではありませんでしたが，夫に殴られ続ける生活に見切りを付けて，自分の力で子どもたちを育てるためには，父母の住む生まれ故郷に戻るしかなかったのです。ジョージーは町の主要産業であるピアーソン鉄鋼会社で働くことにします。鉱山の仕事は男性と同等できつい労働ではあるけれども，男性と同等の高賃金が得られるからです。ピアーソン鉄鋼会社のベテラン労働者であるジョージーの父は，「女が鉱山で働くなんて！」と，娘が鉱山で働くことに大反対します。

　鉱山で働く女性を歓迎しないことは，ジョージーの父だけではありませんでした。職場でジョージーは，ありとあらゆるセクシュアル・ハラスメントを経験します。男の職場に入り込んできた女性に対する敵意と嫌がらせがむきだしにされたのです。ランチボックスに男性器のおもちゃを入れられたり，卑猥な言葉を投げつけられることからはじまって，レイプの恐怖，女性トイレの壁に糞便でのいたずら書き，人の夫を奪う「あばずれ」という悪評，果ては子ども

を対象としたいじめにも発展します。ジョージーはこの状況を変えるべく，経営者をはじめさまざまに働きかけをします。

ピアーソン鉄鋼会社に女性労働者がジョージーしかいなかったわけではありません。映画の公式ホームページによれば，ミネソタ北部の鉱山が女性をはじめて採用したのは1975年。映画の舞台とされた当時（1980年代の終わり）の男女比は30対1だったとあります。少数ではありますが女性労働者は存在し，女性用ロッカー等も整備されています。次章に詳述するように，性別による雇用差別が禁止されたために，男性の職場から女性を閉め出すわけにはいかなくなったからです。しかし少数の女性の同僚は，事を荒立てることを恐れてジョージーの味方をしてくれません。たった一人，長年鉱山で働き続けてきた旧友のグローリーだけがジョージーの味方でしたが，筋萎縮症を発症して退職し，次第に病気が進行し声を失ってしまいます……。

孤立無援のなかでもジョージーはあきらめず，弁護士を辞めようとしている友人ビルの助けを借りて，セクシュアル・ハラスメントの集団訴訟を提訴しようとします。セクハラの提訴は当時でも既にたくさん行われていましたが，集団訴訟は全米で初めてのケースです。しかし集団訴訟のためには，複数の原告が必要です。必死で説得に回るジョージーの頼みに女性労働者たちはみんな尻込みをしてしまいます……。

映画のもととなったのは，Clara Bingham と Laura Leedy Gansler が書いた *CLASS ACTION : The Landmark Case that Changed Sexual Harassment Law*（Blackstone Audio Books Inc., 2005。映画公開に伴って日本語版でも出版されました。『集団訴訟：セクハラと闘った女たち』竹書房文庫,

2006年）。本書は，ミネソタ州北部のアイアンレンジ地方にあるエベレス鉱山を提訴した集団訴訟の経過を丹念に記録したノンフィクション作品です。ですから映画のストーリーも事実に基づいています。ニュージーランド出身の女性監督ニキ・カーロは，実際にミネソタ州北部のアイアンレンジ地方で映画を撮影しました（そのほかに，ニュー・メキシコ州の閉山された鉱山を使って撮影が行われました）。土地柄がひとつのキャラクターである，というカーロ監督の主張によります。撮影は住民の理解と協力のもとに行われ，ジョージーが会社に対して訴訟を起こすことを説明する集会のシーンでは，エベレスの町の住民300人がエキストラとして出演しています。

　そして，その監督がジョージー役として強く希望し実現したのがシャーリーズ・セロン。ハリウッド・ビューティーの枠に収まらず，「汚れ役」に挑戦する性格俳優といわれています。2003年の『モンスター』では実在の連続殺人犯である女性死刑囚を演じ，13キロ体重を増やしたことがおおいに話題になりました。その甲斐あってか（？）映画は絶賛され，彼女は2003年度のアカデミー主演女優賞を獲得しています。南アフリカ出身のセロンは15歳の時に，酔った父親が母親に暴力をふるおうとして，正当防衛により母親に射殺されたという悲劇を経験していることを公表しています。「汚れ役」に挑戦する果敢な彼女の生き方は，このような経験とは無縁ではないような気がします。

2. 男女平等雇用法の進展

　上述したようにストーリーの柱は，働く女性の権利を守るための集団訴訟に至る経過です。しかし，なぜそれが必要かを理解するた

めには，労働の場の男女平等がどのように推進したのかを知らなければなりません。映画はこの点を十分に説明してはいません。ゆえに映画のパンフレットのなかで青森大学の教授でエッセイストであるM. K. さんが，「ジョージーの置かれた状況を考えると，アメリカの女性が日本の女性より強い立場にあるとは思えない……。炭坑の男たちからセクハラを受け，炭坑は男の職場，女たちは出て行けと嫌がらせを受けている。日本では3年前の1986年に男女雇用機会均等法が施行され，職場では男性も女性も平等という男女共同参画社会へのスタートがきられていたのに……」という意味のことを書いているように，大きな誤解をしてしまいがちです。

　既述したように，ミネソタ北部の鉱山が女性を採用したのは1975年からです。つまり，アメリカにおいては働く女性の法的権利は1960年代に成立し，70年代に入ってからさまざまな分野に効果が波及したのです。法的権利の推移を概観すると，1963年に「同一賃金法（Equal Pay Act）」が，1964年に公民権法の第7章として「雇用機会の平等（Equal Employment Opportunity）」が成立しました。この2法は雇用に関する性差別を禁じた最初の，そして基本となる連邦法です。同一賃金法は，公正労働基準法の修正として可決され，同等の条件のもとに働く被雇用者は，男性も女性も同等の賃金を支払われねばならないと規定しました。ただし，行政職・専門職・管理的職種は適用外とされましたが，1972年の改正によって含まれるようになりました。公民権法の第7章は，人種・肌の色・宗教・性・民族的背景による雇用上の差別を禁止しました。同法はまた，法の執行を監視し，調停を行う「雇用機会平等委員会（Equal Employment Opportunity Comission：EEOC）」を設置しました。1972年の改正に

より，同法はより一層整備され，EEOCの権限も拡大されました。

　つまり，これら2法の施行により，今まで女性を雇用しなかった職場（例えば鉱山）が女性を閉め出すことができなくなり，門戸を開放したのです。その結果，「男の職場」を守ろうとする男たちがセクハラをはじめとする嫌がらせをした……というのが経過です。ですから日本の男女雇用機会均等法に相当するもの（むしろより強力なもの）は，1964年に成立していたわけです。ちなみに日本で1986年に施行された男女雇用機会均等法は，女性を男性と平等に扱わない「女子保護規定」を残した法律でした。「女子保護規定」がほぼ全廃されたのは，1999年4月から施行された改正均等法からです。ですから1989年時点では，日本では鉱山で男性と同じ労働をする女性はいませんでした。男性と女性が同じ職場で同等に働くようになったからこそ，映画のような状況が到来したわけです。法律の成立は出発点であり，実際の運用こそが問題であること，慣習や意識を変えることの積み重ねにより実質的な平等が達成されることを映画は主張しています。

3. 現実の訴訟の経過

　ジョージーと弁護士のビルは，裁判所に集団訴訟を提訴します。それを受けた裁判長は，集団訴訟のためには1人以上の原告が必要であること，ジョージーのほかに原告となる人は立ち上がるように宣言します。誰も立ち上がらない静寂のなか，コツ，コツ，コツ，という小さな音が響きます。今や気管切開をして話ができなくなったグローリーが，動かない指を懸命に動かして車いすの腕木を叩いているのです。グローリーの夫が彼女に代わって，彼女は「立ち上

がる」意志を示していると発言します。それを契機に，ジョージーの説得に尻込みした女性の同僚が立ち上がります。男性の同僚も立ち上がります。ジョージーの父も母も立ち上がります。裁判所に座っている殆どの人が次々に立ち上がります。勇気を持って「立ち上がる」ことが重要であると示唆したシーンは映画のクライマックスで，映画はここで終わります。しかし実際の訴訟が終結するまでには，その後10年ほどの年月がかかりました。では果たして，アメリカで最初のセクシュアル・ハラスメントの集団訴訟とは，実際にはどのような経過をたどったのでしょうか。

　映画のモデルとなった訴訟は，1988年に提訴された，原告代表ロイス・ジョンソン対エベレス鉱山裁判です。それ以前には，連邦裁判所でセクシュアル・ハラスメントの集団訴訟は行われたことがありません。対価型ハラスメント（昇進させる代わりに性的な見返りを要求することなど）はその性質上，個人が個人を訴えることになるので，集団訴訟にはなじみません。複数の女性に対して同時に便宜を図る代わりに性的な見返りを求めるというケースはほとんどないからです。しかし1979年にフェミニストの法学者であるキャサリン・マッキンノンが，職場が性的に敵対的な環境にあると，その影響はひとりの女性にとどまらない，という議論を発表して以来，セクシュアル・ハラスメントの集団訴訟の可能性は考えられてはいたのです。それでも社会通念として，敵対的な職場環境を生じさせるセクシュアル・ハラスメントであっても，行為自体は個人的なものなので，集団訴訟に持ち込むことはできないと考えられていました。しかしロイスとその訴訟を担当した雇用差別に関する経験豊かな原告側弁護人であるポール・スプレンガーは，ロイスが女性に敵対的な職場

環境を経験しているならば，エベレスの他の女性従業員たちも，きっと同じ経験をしているはずだと考えたのです。一人ではエベレス鉱山に対抗できる見込みは少ないけれども，数が多くなれば鉱山の女性たちを取り巻くシステムを変えることができるかもしれないからです。

　映画の原本である『集団訴訟：セクハラと闘った女たち』によると，映画のジョージーは，ロイス・ジョンソンをモデルとしながらも，エベレス鉱山で働くさまざまな女性たちの実例を組み合わせて創作された人物です。実際のロイスはジョージーと同じシングルマザーですが，1975年にはじめてエベレス鉱山に雇われた4人の女性のうちの一人であり，ジョージーよりもずっと早い時期から鉱山で働いていました。ロイスが鉱山で働き始める以前は，つまり1970年代半ばまで鉱山で働く女性といえば，その職種は店員，教師，銀行の窓口，秘書，ウエイトレスくらいでした。これらの仕事で，保険に入れるものや最低賃金を上回るものはほとんどありませんでした。しかし1974年4月に国内大手の製鉄会社9社が，米国司法省および労働省の雇用機会平等委員会の「和解命令」に署名をしたため，各社が新たに社員を募集する場合，20％は少数民族と女性に割り当てるよう命じられたのです。連邦政府が女性の雇用を命じた，このようなアファーマティブ・アクションの波がアイアンレンジにも訪れ，男性並みの高収入を必要とするロイス・ジョンソンや一握りの女性たちが男性の職場へと足を踏み入れることになったのです。当時27歳のロイスが以前に働いていた信用組合の出納係の時給は1ドル70セント，子どものベビーシッター代は1時間1ドルで，鉱山での時給は5ドル50セントで医療保険付きでした。連邦の要求を満たすため

に鉱山は4人の女性を必要としていて，ロイスはその一人として雇用されたのです。

　1988年8月にエベレス社への訴えを，ロイス・ジェンソンとパトリシア・コスマック（ロイスの同僚。グローリーのモデルであり，筋萎縮症によって裁判の終結を見ずに亡くなります）がミネソタ州地方裁判所に提出しました。申し立ての内容は，原告であるロイスとパトリシアがエベレス社でセクシュアル・ハラスメントと差別を受け続けたこと，そして同じ職場で働く労働者や監督は「すべての女性労働者に敵対的な労働環境をつくり，それを黙認していた」というものであり，裁判所に対して，エベレス社の連邦公民権法第7章の違反をただし，セクシュアル・ハラスメント防止規定の採用を命令することを求めています。また，この訴えをロイスとパトリシアを原告代表とする集団訴訟とすることを求めています。

　裁判は1998年にロイス側の実質的な勝利（和解）に終わります。しかし約30人に及ぶエベレス社で働く原告たちは，提訴以後に今までにも増して頻繁な嫌がらせを受け続けます。いかに原告たちが職場で孤立したか，いかに裁判が妨害されたか，被告側の弁護士がどのような卑劣な手を使ったかが原本には克明に記録されています。ロイスを始めとして女性たちは，ストレスやPTSDに悩まされ，半病人のようになってしまいます。1997年12月に裁判所が意見書を出し，それを契機に和解の話が進んだ理由にはこのような原告側の理由がありました。また和解の条件がロイス側に有利になった背景には，10年の間の変化も影響しています。連邦判事は若く進歩的な法律家に代わったし，エベレス鉱山の経営者も交代しました。1997年にはEEOCが350人の女性従業員になりかわって三菱自動車を相手に起

こしたセクシュアル・ハラスメント訴訟が3400万ドルで和解しました。このような風向きの変化のなかで，1998年12月に和解が成立したのです。この裁判が集団訴訟として認められたこと，そしてこのような環境を放置した会社の責任が問われたことは，その後の（その間の）セクシュアル・ハラスメント裁判に大きな影響を与えることになったのです。

4. アニタ・ヒル事件

　それでも映画のなかで描かれるジョージーへのセクシュアル・ハラスメントは度を超えています。60年代や70年代ならまだしも，1989年にしてはずいぶん「遅れている」と感じた人も多いでしょう。ニューヨークやワシントン DC ではない，ノース・カントリーという保守的な地方だからこその問題でしょうか。あるいは鉱山という，男性中心の特殊な職場ゆえだからなのでしょうか。多分その両方の理由であり，また「遅れている」のはまだまだ一般的な状況であるのかもしれません。

　映画は，このような「遅れている」「一般的な」セクシュアル・ハラスメントを描くと同時に，同時代に出現した「新しい」セクシュアル・ハラスメント——ワシントン DC を舞台にしておおいに注目を浴びた新たな事件——アニタ・ヒル事件をも描いています。

　連邦最高裁判所の判事に父ブッシュ大統領によって指名されたクラレンス・トーマス（黒人）に過去のセクハラ疑惑が生じ，その被害を受けたと名乗り出たのが当時オクラホマ大学法学部の教授であったアニタ・ヒル（黒人）でした。ヒルによれば，トーマスが雇用機会平等委員会（上述したように，労働者の権利を守る政府機関です！）の委

員長をしていた時，職務中ににポルノ・ビデオを見せたり，さらに
もっと露骨な性的な話をしたと言います。このような事実をめぐっ
て上院で公聴会が開催され，その一部始終がテレビで全米に中継さ
れました。1991年の10月のことでした。映画のなかではジョージー
の母親が，その中継を映しているテレビを「こんなものを見てるな
んて！」と言ってスイッチを切ってしまうシーンがあります（映画は
提訴時の1988年前後を描いているので，厳密に言うと年数はあわないの
ですが……）。

　連邦最高裁判所は9人の判事により構成され，判事は大統領が指
名し，上院の同意を得て任命されます。身分は終身保障です。この
9人の見解がそのまま判決を左右し政治的な影響を与えるわけです
から，新たに判事が指名される時（誰かが引退を表明した時）にはその
人の思想信条に大きな関心が寄せられます。アニタ・ヒル事件では，
トーマスが黒人であったために，最高裁判所の判事に黒人を入れた
いという思惑も絡んで，セクハラと人種問題のどちらを優先させる
のかといった政治的判断が入り乱れました。結論から言うと公聴会
での両者は「引き分け」で，その後の投票でわずか4票差でトーマ
スは承認されたのでした。この事件は，公の場で語られることのな
かったセクハラを公衆の面前に引き出したことにより社会的な問題
としたこと，人々の関心を高めたことになりました。1991年以降，
セクハラ訴訟は一挙に2倍となったと言われています。このような
「効果」のあったアニタ・ヒル事件と映画を同時進行させることによ
り，人々の関心を集めた社会的なセクハラが注目される一方で，き
わめて根源的な「遅れた」セクハラが依然根強く存在することを映
画は描いているのです。

ジョージーを演じたシャーリーズ・セロンはインタビューのなかで次のように語っています。「脚本を読んだとき，これってタイプミスじゃないの？裁判が解決したのはこんなに最近？と信じられなかった。それからニキと猛勉強してわかったことは，20世紀の地方の町だけではなく，21世紀の大都会でもそういうことが実際に起きているという現実でした。法律を変えても人間の考え方まではすぐには変わらない。人々の考えを変えるのは時間が必要だし，法律さえ制定すれば万事解決できたと安心するのは早すぎる。『次の世代には悪しき因習を変えなければ』と語りかけるのに，映画はとても良い手段です」。

　こういう良質の，しかし地味な映画が独立系のプロダクションでなく，ワーナーブラザースという大手の映画会社で作られたことは特筆すべきことでしょう。ハリウッドも捨てたもんじゃない。この映画によって，シャーリーズ・セロンはアカデミー主演女優賞に，グローリーを演じたフランシス・マクドーマンドは助演女優賞にノミネートされました。でもその後の発表によると，2人とも受賞を逃しました。ハリウッドも甘いもんじゃない。

　最後に一つ付け加えておきたいことに，音楽があります。映画ではノース・カントリーの風景を彷彿させる曲が13曲使われていますが，うち6曲がボブ・ディランの作品です。なかでも Tell Ol' Bill という曲はこの映画のためにボブ・ディランが書き下ろした新曲です。これらの曲が灰色の北国の風景に実にマッチしているのです。ニキ・カーロ監督が大のディランファンで，ディランの曲がこの映画の雰囲気に合っているから使用したとインタビューで語っていますが，ボブ・ディランはミネソタ州が産んだスーパースター，この映画の

舞台になったアイアンレンジ地方で少年時代を過ごしていることも理由のひとつとなっているのでしょう。最近ディランが出した彼の自伝のなかにも，鉱山の町で育ったことがたびたび記述されています。彼の曲が映画の風景とマッチしているゆえんでしょう。映画の音楽は「スタンドアップ・オリジナルサウンドトラック」として，2006年1月にソニー・ミュージックエンターテイメントから発売されています。1980年代のノース・カントリーの雰囲気を味わいたい人には，是非耳を傾けることをおススメします。

（ワーナーホームビデオ，2005年）

〈参考文献〉

https://warnerbros.co.jp/standup/（2009年10月1日アクセス）

「スタンドアップ」映画パンフレット

クララ・ビンガム，ローラ・リーディ・ガンスラー著，渡会圭子訳『集団訴訟：セクハラと闘った女たち』（竹書房文庫，2006年）

ボブ・ディラン著，菅野ヘッケル訳『ボブ・ディラン自伝』（ソフトバンク・パブリッシング，2006年）

Music From the Motion Picture - North Country.（Sony Music Soundtrax, 2006）

書　評

レナ・ドミネリ著・須藤八千代訳

『フェミニスト・ソーシャルワーク：福祉国家・グローバリゼーション・脱専門職主義』

1.　社会福祉におけるフェミニスト研究の動向

　本書は，レナ・ドミネリの *Feminist Social Work Theory and Practice*（2002年）の全訳である。ドミネリは既に1989年に，エリーン・マクリードと共著で *Feminist Social Work* を出版しているが，その後の進展や新たな課題を書き加えた，フェミニスト・ソーシャルワークの総まとめといったものが本書である。しかし，本書のタイトル「フェミニスト・ソーシャルワーク」という言葉は，残念ながら多くの人にとってなじみのない言葉に違いない。まずは，本書の内容に触れる前に，「フェミニスト・ソーシャルワーク」が提唱されるようになった経過と，それを包含する社会福祉におけるフェミニスト研究の動向について言及しておこう。

　今日欧米では，社会福祉領域におけるフェミニスト研究はきわめて隆盛であり，「花盛り」といってもいいだろう[1]。このような表現は，多分，本書の読者にとって奇異に聞こえるに違いない。日本においては，社会福祉とフェミニズムの関わりはきわめて遅れて出発した，というのは常に評者が批判していることであり，1990年代の後半になってやっとその取り組みが散見されるようになったにすぎず，今日においても「花盛り」状況でないことは明らかである。欧米で「花盛り」となった理由としては，ひとつには1990年代からエスピン＝

アンデルセンによる福祉国家類型論が登場して，彼の類型論に触発されたかたちで発展した，フェミニスト研究者たちによる福祉国家研究への批判があったからである。もうひとつはそれに先だって，1960年代に起こった女性解放運動を契機として，社会福祉の再検討が行われてきたからである。

フェミニズムによる社会福祉の再検討とは，その経過を見ても現在でも，以下のような3つの方向から行われてきたとまとめることができるだろう。[2]

① (職業としての) 社会福祉のなかの「セクシズム」批判

② ソーシャルワーク実践技術への取り込み

③ 福祉国家のなかの「セクシズム」批判

3つの方向のうち，①と②は1970年代から出現したが，③はその後，フェミニズムからの福祉国家批判が行われるようになる1990年代に入ってから登場した。その三方向 (方法) のなかの②が，本書が取り上げている「フェミニスト・ソーシャルワーク」の試みである。ソーシャルワークやグループワークの実践にフェミニズムの方法を取り入れるという試みがそれである。

2. 本書の内容と特徴

欧米における「花盛り」の状況下で多くのフェミニスト研究の著書が出版されたが，本書の原本はその主要な1冊である。イギリスの研究者であるドミネリは，現在の活況を牽引しているフェミニスト研究者のうちのひとりである。ヨーロッパにおける同時代のフェミニスト研究者としては，同じくイギリスのジェーン・ルイス，メアリー・デイリー，スウエーデンの ダイアン・サインスベリーをあ

げることができるが，彼女らと肩を並べる研究者である。

フェミニスト・ソーシャルワークの理論と実践とは，男性の経験が全般的に支配しているソーシャルワーク理論に意義申したてをして，男性とは異なる女性の経験の実態に光をあてること，従来女性特有の問題とは認識されなかった問題を女性固有の問題として取り扱うという新しい実践の方法を探ろうとするものである。すでに研究が先行している心理学や精神分析の方法を使うことにより，女性の意識覚醒をうながし，女性の自助グループづくりを目指すフェミニスト・ソーシャルワークの構築が進められた。近年になると，より専門化した分野別での実践が始められている。それは，女性に関する問題のなかでも，今までほとんど取り上げなかった問題を取り上げるようになったことである。暴力，アルコール・薬物依存，ホームレス，人種的マイノリティー等がそれである。本書のなかでドミネリは，フェミニスト・ソーシャルワークが取り組むべき新たなテーマとして，「新しい生殖技術」をあげている。

フェミニスト・ソーシャルワークの実践の原則をドミネリは列挙しているが，紙幅の関係から代表的なものだけをあげておこう。1) 女性の多様性を認識する，2) 女性の力を尊重する，3) 女性は自分の人生のどんな局面においても，自分自身で決める力を持つ行動的な主体であると考える，4) 一人ひとりの女性を社会状況のなかに置き，個人と彼女らが関係する集団との相互のつながりを認める，5) 女性に彼女たち独自のニーズや問題解決の声を発する場を提供する，6)「個人的なことは政治的である」という原則は，実践のマクロ，メゾ，ミクロのそれぞれのレベルに関係することを認識する……等々である。

本書の構成は，序章「21世紀の社会とフェミニスト・ソーシャルワーク」，1章「フェミニスト・ソーシャルワーク実践の理論」，2章「フェミニスト・ソーシャルワークを取り巻く状況」，3章「専門職の再構築」という前半の理論的な章の後に，4章「男性に関わる」，5章「子供と家族に関わる」，6章「高齢者に関わる」，7章「犯罪者に関わる」，という実践的な各章を設けている。ゆえに本書は，フェミニスト・ソーシャルワークという言葉になじみのない読者にとっても，わかりやすい実践的な案内書となっている。付け加えるならば本書の翻訳者の須藤八千代（愛知県立大学名誉教授）は，日本におけるソーシャルワークのフェミニスト実践の理論と実践におけるパイオニアであり，まさに本書は適切な翻訳者を得たといえるだろう。

3. 日本のソーシャルワークの課題について

　欧米におけるフェミニスト研究の「花盛り」は，なぜ日本の社会福祉に反映されなかったのだろうか。日本においてもエスピン＝アンデルセンの福祉レジーム論は多くの研究者によって紹介され，それへのフェミニストの批判もいくつかは紹介されている。しかし，それらは後追いの紹介に限定されている。その最大の理由は，翻訳書が出版されなかったからである。何しろ議論のおおもととなったエスピン＝アンデルセンの1990年の著作 *The Three Worlds of Welfare Capitalism* ですら，日本で翻訳出版されたのが2001年になってからである（『福祉資本主義の3つの世界—比較福祉国家の理論と動態—』（岡沢憲芙・宮本太郎監訳，ミネルヴァ書房）。もちろん，1990年代に出版された多くの優れたフェミニスト研究者の著作や論文のほと

んどは翻訳されていない。評者が、本書の翻訳出版を高く評価する理由はここにもある。翻訳が出なければ、「花盛り」の状況は日本に伝わりようもないのだ。翻訳書が売れにくいという出版界の事情もあるだろうが、研究者は翻訳を出すこと、そのための努力をすべきなのである。

　翻訳に加えて、もうひとつの課題を指摘しておきたい。エスピン＝アンデルセンが提起した議論が発端となって日本においても社会福祉のフェミニスト研究が注目されるようにはなったが、その関心領域は、福祉国家論や類型論に集中している。一方で、欧米において積年の研究が継続されてきたその他の分野におけるフェミニスト研究—職業としてのソーシャルワークや社会福祉教育のなかの「セクシズム」、フェミニスト・ソーシャルワークといった技術の発展について等—は、依然日本では取り上げられることがまれである。福祉国家論という「主要な問題」だけではなく、そこから派生して社会に構造的に埋め込まれた問題や、ソーシャルワークという職業や教育のなかに存在する性差別等、女性が抱える生活上の諸問題も同様に関心を持つべき社会福祉の「主要な問題」なのである。社会福祉におけるフェミニスト研究の分野がさらに広がり、拓かれることが必要なのである。

（明石書店、2015 年）

注
1) フェミニスト研究の日米の差については、メアリー・デイリー、キャサリン・レイク著、杉本貴代栄監訳『ジェンダーと福祉国家：欧米におけるケア・労働・福祉』（ミネルヴァ書房、2009 年）のあ

とがきを参照のこと。
2) 社会福祉のフェミニスト研究の経過については，杉本貴代栄『社会福祉とフェミニズム』(勁草書房，1993 年) を参照のこと。

吉川真美子
『ドメスティック・バイオレンスとジェンダー：
適正手続きと被害者保護』

1. 本書の目的

　2001年4月に，「配偶者からの暴力の防止及び被害者の保護に関する法律」（以下，DV法とする）が成立した。このDV法の成立過程において最も議論が集中したのが保護命令制度であり，法務省や最高裁判所等の法律関連機関とのひんぱんなやりとりがあった結果，やっと導入されたという経過は仄聞している。保護命令制度とは，配偶者から暴力を受けた被害者がさらに重大な危害を受けるおそれがある場合に，被害者の生命や身体の安全を確保するために発令する裁判所命令のことである。DV対策先進国のアメリカでは，1976年に成立したペンシルヴァニア州の保護命令制度を嚆矢として，1990年代の終わりまでには全ての州において立法化された。日本のDV法も，そのようなアメリカの先例を取り入れて，実効性のあるDV法とすることが目指されたのである。結果としてDV法には，「2ヶ月間の接近禁止命令」と「2週間の退去命令」の2種類の保護命令制度が盛り込まれた。

　本書は，保護命令制度—とそれを実効ある制度とするための違反を処罰する司法システム—は，DV法の革新的な役割を担うものであると位置づけて，アメリカのDV法における保護命令制度の成立・施行の実態，変遷を詳細に検討したものである。とくに，被害者を

保護する保護命令制度と対立する，加害者の人権に立脚した「適正手続き」とが，いかにすれば両立するのかを歴史的な記述から明らかにしている。

日本では2004年にDV法が改正され，「接近禁止命令」による保護の対象に未成年の子どもが含まれるようになり，「退去命令」の期間が2週間から2ヵ月に拡大された。また8条の2に，「警察本部長は，被害者が申し出て，その申し出を相当と認めるときには，被害の発生を防止するために必要な援助を行うものとする」と，新たに規定された。しかし，著者は，日本のDV法の保護命令制度は，緊急保護命令が実現しなかったこと，警察の具体的な責務や権限が明確でないこと等，さらに改正する必要があると指摘する。そのためには，本書が明らかにしたアメリカのDV法の変遷を教訓と資することが必要なのである。

2. 問題の所在

DV法の成立時に，保護命令に議論が集中した理由は，「法律」領域の問題があったからである。日本の法律体系では，犯罪を扱う刑事法と，私人間の法的紛争の処理を扱う民事法とは明確に区別されてきた。刑事法によって国家は犯罪者の捜査や刑罰を科す権限が与えられているが，犯人と疑われた者の基本的人権が侵害・制約されることのないよう，「法律の定める手続き」を踏むことが要求される。これを適正手続き（デュー・プロセス）の保障という。日本国憲法31条には，「何人も，法律の定める手続きによらなければ，その生命もしくは自由を奪われ，またはその他の刑罰を科せられない」と定められている。これによって，被疑者・被告人の人権が保護されるの

であるが，これと比して被害者の権利や利益には充分な配慮がなされてこなかったので，被疑者・被告人の権利偏重との批判が近年になって高まっていることは周知のことである。

　DV法の保護命令は民事上の制度であるが，保護命令の違反には刑罰が科せられる。これは加害者への強制力を強めるためであるが，民事と刑事を明確に区別してきた日本の法制度においては画期的なことであった。そのため，法案作成の段階では，既存の法制度との整合性やデュー・プロセスとの調和を求めて，さまざまな修正が法律関係機関から要求されたのである。とりわけ，被害者の申立てがあれば相手方の聴聞を経ずに緊急に保護命令を発することや，被害者の安全確保のために警察が早期介入することについては，被害者支援運動からの強い要望があったが，デュー・プロセスの観点から強い批判があり，DV法に取り入れられなかったという経緯がある。上記したように，被疑者・被告人の権利偏重との批判が強まり，犯罪被害者の法的権利の確立を目的とする法制度改革が進められているにもかかわらず，刑事法はその刑罰権の重大さから高度の中立性が要請されるため慎重が期されたからである。つまり日本の現状では，DV被害者保護である保護命令制度と，加害者の人権を保護するデュー・プロセスとは，対立する相克関係にある。

　しかし，一方アメリカにおいては，DV被害者保護の法制度はデュー・プロセスと併存している。両者の対立はどのような経過を辿り，どのように調整されたのかという疑問を出発点として，本書はDV法の発展と加害者逮捕政策の変遷を調べることに踏み出したのである。

3. アメリカの DV 政策

　著者によると，アメリカの各州ごとの DV 法の基点であり出発点は，保護命令制度である。1970年代から始まったバタード・ウイメンへの支援活動の成果が民事保護命令制度の創設であった。保護法制のもとに裁判所は，加害者に対して，妻への虐待や妻への接近・接触の禁止，妻が居住する住まいからの退去，子どもの暫定的監護権の決定，妻や子どもへの扶養料の支払い等，さまざまな内容の命令を発令する権限を有する。

　ところが，執行力の裏打ちが充分でないと，保護命令は充分に効果を発揮できない。そこで各州は，民事保護命令違反を刑事法上の犯罪と規定することによって，警察官の逮捕権限を明らかにし，執行力を強化しようとした。「義務的逮捕」を法に定めることがそれである。

　「義務的逮捕 (Mondetory Arrest)」とは，DV 法に規定される逮捕の仕組みである。犯罪の嫌疑があり，逮捕の用件がそろっている場合には，警察官はその被疑者を逮捕しなければならず，警察官の裁量で逮捕をしないでおくことは許されない。義務的逮捕の仕組みが導入された理由は，DV の容認や女性被害者の供述の軽視等，警察官のジェンダー・バイアスによる恣意的な判断によって加害者の逮捕が手控えられ，その結果，警察へ通報した後で被害者がさらに暴力をふるわれる事態が多く発生したからである。日本の状況からすると，無用の逮捕を生む恐れがあるとして被疑者の人権保障の観点からの批判が予想されるが，アメリカでは1977年にオレゴン州のDV 法に義務的逮捕が定められて以来，すでに半数以上の州で DV 犯罪や民事保護命令違反に対する義務的逮捕が定められている。

同時に被疑者・被告人の人権保護を目的とする刑法上の手続き的要請であるデュー・プロセスの遵守も求められる。「積極的な逮捕」と「慎重な逮捕」という相反する要求にいかに答えるかである。本書は，被害者保護とデュー・プロセスの調整過程を，各州における裁判等の実例を挙げて検討し，DV被害者の保護のためには保護制度と警察の積極的介入が必要であること，そのためにはデュー・プロセスは柔軟に運用されるべきであると述べている。アメリカの場合，被害者保護とデュー・プロセスとの相克を解決するための調整の鍵となったのは，「女性被害者の保護によってDV犯罪をなくすことは社会的利益である」という司法判断と世論の合意であったと結論づけている。

4．2つのコメント

　本書はDV政策の法的側面に注目して，とくに保護命令制度とそれを有効にするための義務的逮捕制度の導入について，アメリカを事例として詳細に検討したものであり，他に類書を見ない貴重な資料を提供している。そのことを明記したうえで，2点に限ってコメントを述べておくことにする。

　ひとつは，本書の分析概念とされる「ジェンダーの視点」についてである。著者は本書のはじめと終わりの部分において，「本書は，DV犯罪の加害者の逮捕を，ジェンダーの視点によって見直すことを試みている」「（本研究の意義は）性別の権力関係を出発点として，刑事司法過程に潜在する重層的な権力関係を問題化し，刑事手続きの公理であるデュー・プロセスの性質を捉え直すことを試みた。これはデュー・プロセス論にジェンダーを取り込む，デュー・プロセ

スの「ジェンダー化（engendering）」の試みである」と述べている。しかし評者には，本書の既述は，ごく普通の（もちろん丁寧で詳細な）DV加害者逮捕政策の変遷史であると受け取れた。一番の不満は，デュー・プロセスより被害者保護が優先されるように至った理由を明確に述べてはいないことである。もし「デュー・プロセスのジェンダー化」があったとしたなら，それを引き起こした理由—例えば80年代のフェミニズムの運動やフェミニスト法学の台頭等—があるはずである。「ジェンダーの視点」で既述するということは，本書が提供している豊富な資料を総合的に考慮し，いくつかの理由を導きだし，分類し，その理由の「謎解きをすること」なのである。

　著者の結論として「デュー・プロセスと被害者保護の相克を解決するための調整の鍵となったのは，（中略）司法判断と世論の合意である」と述べているが，これらは「理由」ではなく，「結果」である。「司法判断と世論の合意」とは，運動や新たな学問の挑戦のなかから生じたもののはずである。

　2つめのコメントは，1985年以降のDV政策にも言及してほしかったということ。本書の既述は，ほぼ1980年代半ばで終わっている。各州における被害者保護制度の成立，デュー・プロセスとの調整の事例である各裁判が70年代 – 80年代に集中していたからであることはわかるものの，その後の約20年近くの事情にも言及する必要があったのではないだろうか。まして，80年代半ばの既述として（本書の結論部分として），DV加害者の逮捕や追訴が強力に行われるようになった，とある一方で，80年代半ばに起きた重大な変化として，刑事司法と民間組織の連携によるDVへの取り組みが被害者重視から刑事司法の効率性重視に移ったこと，刑務所の過剰収容に対処す

るために加害者の非懲罰的処遇が行われることが多くなった，という相反する既述があるだけに，その後の経過に関心を持たざるをえない。

　評者の専門である社会福祉分野での見聞によれば，近年では DV 加害者を対象とした民間のプログラムが行われていて，また一方では，司法システムにおける加害者プログラムの効果への疑問が提起されている。それらの背景には，90 年代からアメリカで施行された福祉改革の影響，なかでも福祉改革の目的のひとつとされた「父親運動—結婚を奨励し，婚外子を減少する家族重視運動」の影響があると考えられるのだがいかがなものであろうか。85 年以降の DV 政策の推移に関心を寄せるゆえんである。

　本書は，著者がお茶の水女子大学大学院へ提出した博士学位論文がもとになっている。少々辛口のコメントとなった理由は，ジェンダー分野に新たな研究者を迎えるという期待を込めてのコメントだからである。

（世継社，2007年）

〈参考文献〉

杉本貴代栄『アメリカ社会福祉の女性史』勁草書房，2003 年

U.S. Department of Justice, "Batterer Intervention Programs：Where Do We Go From Here?" 2003.

II．アメリカの政策／
　大統領選挙をめぐる動向

映画評

『ドリームガールズ』が意味する「夢」について

1.「ブロードウエイ・ミュージカル」対「映画」

2007年のアカデミー賞は，49年ぶりに日本人女優として助演女優賞にノミネートされた菊地凛子（『バベル』）が受賞するかどうかがおおいに話題になりましたが（49年前にノミネートされたのは，『サヨナラ』のナンシー梅木），残念，助演女優賞を受賞したのは『ドリームガールズ』（ビル・コンドン監督）のジェニファー・ハドソンでした。この受賞により日本でも一躍有名になった映画『ドリームガールズ』は，もともとはニューヨークのブロードウエイで1981年に初演され，大ヒットした伝説のミュージカルの映画版です。ブロードウエイで4年間にわたり，総計1,521回上演されたマイケル・ベネット演出によるミュージカルのパワフルな舞台作りは，映画にも受け継がれています（映画の最後に，ベネットへの献辞が入っているのをお見逃しなく）。得てして映画化されたミュージカルとは，本物が目の前で歌い踊る舞台と比べて評価が低くなりがちですが，両者を見比べた人の映画評によると，この映画に限ってはその限りではないようです。24年前にブロードウエイの舞台を見た小林信彦は，舞台と違う良さが映画にはあり，演出の力で見せるミュージカルを作り上げたビル・コンドンを高く評価し，映画化が成功したケースだと述べています（『週刊文春』）。ミュージカルを見ていない私が映画から判断するには，（ミュージカル俳優としては名が知られているのでしょうが）一般的

にはあまり知られていない俳優が演じる舞台と違って映画では，それぞれ高名な俳優（ミュージシャンとして，あるいは俳優として，あるいはコメディアンとして）が出演し，それぞれが吹き替えなしに（！）見事に歌っているのですから，その点だけでも「映画の利点」がある気がします。800人のオーディションから選ばれたジェニファー・ハドソンや，有名な歌手であるビヨンセ・ノウルズが見事に歌うのは当たり前としても，前作『Ray／レイ』で主演男優賞を獲得したジェイミー・フォックスや，コメディアンのエディー・マーフィーも見事に歌っているのです（もっとも，ジェイミー・フォックスはミュージシャンでもあり，エディー・マーフィーも売れなかったけれどレコードを出しています。そういえばエディー・マーフィーの「当たり役」は，テレビの人気番組「サタデー・ナイト・ライブ」でのジェイムス・ブラウンの物マネなので，歌えるはずではありますが）。この演技によりエディー・マーフィーは，ゴールデン・グローブ賞の助演男優賞を得ています。

　映画のなかで歌われている楽曲はもちろんミュージカル上演と同じものであり，それらを作曲したヘンリー・クリーガーが，映画のために4曲の新曲を提供しています。1960年代から70年代のモータウン・サウンド（デトロイトの愛称はモーター・タウン＝モータウン）は，映画のなかで見事によみがえるのです。

2.　ストーリー

　はじめの舞台は1962年のデトロイト。エフィー（ジェニファー・ハドソン），ディーナ（ビヨンセ・ノウルズ），ローレル（アニカ・ノニ・ローズ）のティーンエイジャーのコーラストリオは，歌で成功しようと毎

夜オーディションに出場していますが，なかなか認められません。そんな彼女たちに，中古車販売会社を経営するカーティス（ジェイミー・フォックス）という男が目を付けます。彼は自動車に代えて，サウンドを商品として扱う機会をねらっていたのでした。カーティスがマネージャーを務めることにより，3人組の「ドリーメッツ」は，デトロイトで抜群の人気を誇る黒人スター，ジミー・アーリー（エディー・マーフィー）のバックコーラスを務めることになります。ジミー・アーリー＆ドリーメッツは全米を巡業し，人気はデトロイトだけでなく全国に広がります。1963年には，ついにマイアミのクラブに黒人のアーティストとして初の出演を果たします。

　しかし，自らのレーベル「レインボー・レコード」を立ち上げたカーティスは，より白人社会に受け入れられるために大きな決断を下します。ソウルにこだわるリードボーカルのエフィーに代えて，容姿に優れたディーナを中心とする「ザ・ドリームズ」として独立させることでした。1964年に誕生したザ・ドリームズは，実力，ルックスともに白人社会にも受け入れられ，大ブレイクしました。特にリードを努めるディーナは時代の寵児ともてはやされ，楽曲はポップス化の一途をたどります。

　しかしその背後では，リードを外されたエフィーの不満は募り，度々仕事上のトラブルを起こします。それはグループのことだけが原因ではなく，自分に向けられていたカーティスの心が，次第にディーナへ移っていったことも理由のひとつでした。

　ショー・ビジネスの頂点である，ラスベガスのシーザーズパレスにザ・ドリームズが出演したのは1966年の暮れ。エフィーはリハーサルに現れず，カーティスを始めみんなは困惑し，エフィーをメン

バーから外すという結論を下します。エフィーのパワフルな歌は今や，ザ・ドリームズの流麗なメロディーラインにとって邪魔になってきた，という事情もありました。この日を境にエフィーはザ・ドリームズを去ります。

　それから8年の月日が過ぎて，ディーナを中心とするザ・ドリームズは全世界に名が知られるスーパースターとなりました。音楽のトレンドはディスコに移り変わりましたが，ディーナたちはその女王的存在に祭り上げられています。カーティスはレインボー・レコードをロスアンゼルスに移し，今やハリウッド進出も目指すエンターテインメント界の大立者となり，ディーナと結婚し，豪奢な生活を送っています。富も名声も，ほしいものを手に入れたディーナですが，商業主義的なやり方のカーティスとの溝が次第に大きくなっていきます。時代に取り残され，長いスランプに悩むジミー・アーリーの薬物依存は悲しい結果をもたらし，ディーナは家を出ることを決意します。一方，古巣のデトロイトへ帰って一人でカーティスの子を産み育てていたエフィーは，すさんだ生活を捨てて，再び音楽に生きる再生の時をようやく踏み出すのでした……。

3．ストーリーの歴史的背景

　このようにストーリーを書くと，ミュージカルにはよくあるスターの出世物語，あるいは業界の裏側を描くバックステージ物語，と受け取られるかもしれませんが，映画は60－70年代の黒人ミュージックの歴史を中心にしながら，その背景にあるアメリカの激動の歴史――特に，公民権運動が全米を席巻していく様子，人種差別撤廃のワシントン大行進，そのクライマックスであるマーティン・ルーサー・

キング Jr. 牧師の演説のシーン等―を描いています。

　映画の始まりは1960年代初めのデトロイト。デトロイトはアメリカ北部ミシガン州の工業都市で，3大自動車メーカーが本社を置いている自動車産業の中心地として繁栄していた時代です。貧困な黒人が多く居住し，同時に公民権運動の中心地のひとつでもありました。黒人の起業家であるベリー・ゴーディー Jr. が，1959年にモータウン・レコードという新興のレコード会社を創設し，地元の有能な黒人アーティストたちを次々にレコーディングし，音楽界に新風を起こしつつありました。シンガーソングライターのスモーキー・ロビンソン率いるミラクルズという男性4人組のグループが歌う「ショップ・アラウンド」という曲が初のミリオンセラーとなったのが1960年。勢いに乗ったゴーディーは，1962年に黒人女性3人組を売り出します。ダイアナ・ロスを中心とする「シュープリームス」です。シュープリームスは当初，プライメッツと名乗っていて，メンバーであるメリー・ウイルソンがリードを取ることが多かったのですが，途中からゴーディーのアイデアでダイアナ・ロスがリードを取るようになり，それと同時に人気が急上昇したのです。1964年に「Where did our love go（邦題「恋はどこへ行ったの」）」が初の全米ナンバーワンになり，以降ダイアナ・ロスがグループを脱退する1969年末まで，アメリカナンバーワンのグループの地位を保ったのでした。このシュープリームスと中心ボーカリストであるダイアナ・ロス，そして彼女たちを売り出したモータウン・レコードの創設者であるベリー・ゴーディー Jr. が，映画の（そしてミュージカルの）原作のモデルです。

　モータウン・レコードは，かつてはスティービー・ワンダーを育

てたレコード会社であり，ジャクソン・ファイブも属していたことがあり，デトロイトの黒人アーティストとは切っても切れないレコード会社です。ちなみにスティービー・ワンダーの伝記によると，モータウン・レコードが小さい頃から彼の才能を見いだし，いかに大事に育ててきたかがよくわかります（デニス・ラブ＆ステイシー・ブラウン『盲目の信念』）。

　映画に描かれていることと同様に，モータウン・レコードは1972年に会社をロスアンゼルスに移転し，その後結局は大レーベルに吸収されてしまうのですが，モータウン・レコードが黒人ミュージックの普及に大きな役割を果たしたことには誰もが頷くことでしょう。全盛時代の1960年代半ばから終わり頃にかけて，モータウンがリリースした曲のうちなんと75％がヒットチャート入りをしているそうです。60年代後半のモータウン音楽は，まぎれもなく時代を代表する音楽であり，黒人の文化を白人社会に紹介したのでした。エルヴィス・プレスリー等白人アーティストも，黒人ミュージックの影響を受けたロックンロールを白人の聴衆に紹介するようになるのです。

　しかし，それは60年代も終わりの頃になっての話であり，60年代以前の音楽界には黒人の音楽と白人の音楽には厳然たる違いがありました。両者の住む社会がまったく分断されていたからです。黒人の音楽は黒人向けに発信され，黒人社会のみでヒットはしても，白人社会に受け入れられはしませんでした。映画のなかでカーティスが，白人社会に受ける「ザ・ドリームズ」を強引に売り出そうとする理由には，そのような音楽界の壁があること，白人社会に受け入れられなければ本当の成功はない，という背景があったからです。

時は公民権運動が全米を席巻している時代。ザ・ドリームズ（シュープリームス）の大ブレイクの理由には，黒人文化と白人文化の融合という，時代の要請があったことも指摘できるでしょう。映画のなかで，はじめは白人のマネのような格好をしていたディーナが，次第に黒人独特のファッションに変化していく様子（例えば，はじめは直毛のカツラを付けていたのが，黒人独特のアフロヘアに変わっていくこと等）から，黒人ミュージックが音楽界の主要な柱となっていく変化が見て取れるのです。

4. 公民権運動の進展

　モータウン・レコードが全盛を誇った60年代とは，アメリカ中に公民権運動がうねりのように広まっていった時期と重なります。1963年，アラバマ州バーミンガムのシックスティーンス・ストリート・バプティスト教会が爆破され，黒人の少女4人が死亡する事件が起きました。この事件に抗議し，またバーミンガムのキリスト教指導者会議の活動を支援する募金集めのために，6月にデトロイトで10万人大行進が行われました。マーティン・ルーサー・キングJr.牧師も参加し，彼はこの時はじめて，のちに平等を求める彼の戦いの最高点となった，「私には夢がある」という演説の一部を言葉にしています。このキング牧師の演説をモータウン・レコードは録音し，初の話し言葉によるレコードとしてリリースしました。このレコードは60年代後半に売りだされるブラック・フォーラム・シリーズの先駆けとなりました。音楽だけではなく，このような活動もモータウン・レコードの活動の一環でした。

　同年8月には，ワシントンDCにおいて20万人による大行進が行

われました。行進のハイライトとして，リンカーン記念公園でキング牧師の有名な「I have a dream（私には夢がある）」の演説が行われました。デトロイトで一部行った講演を草稿とした演説です。よく知られている16分14秒のこの演説の後半部分は，映画のなかにも挿入されています。

「私には夢がある。

　いつの日にか，ジョージアの赤土の丘の上で，かつて奴隷であった者たちの子孫と，かつて奴隷主であった者たちの子孫が，兄弟として同じテーブルに向かい腰掛ける時がくるという夢が……。私には夢がある。

　いつの日にか，私の4人の幼い子供たちが肌の色によってではなく，人となりそのものによって評価される国に住む時が来るという夢が……」

翌1964年には公民権法が成立し，12月にはキング牧師はノーベル平和賞を受賞しました。しかし，人種差別撤廃の運動はこれで完結したわけではありませんでした。1967年の夏には，人種間の緊張が高まったデトロイトで大暴動が起きました。「もぐり酒場」の手入れに端を発した暴動には連邦軍が投入され，約2ヵ月かかってやっと収束しました。逮捕者7,231人，負傷者700人，死者43人を出す大暴動でした。翌年4月には，テネシー州メンフィスのモーテル前で，キング牧師が暗殺されました。モータウン・ミュージックはこのような時代の変化を反映しながら隆盛し，やがて黒人アーティストたちの政治的な多様化ゆえに衰退していくのです。

映画の見所は，何と言っても全編にあふれる黒人ミュージック。その映画のタイトル『ドリームガールズ』の「夢」が意味していることは，音楽界のトップへと階段を駆け上り，名声を手に入れることなのでしょう。ですが私には単にそれだけではなく，キング牧師が語った「夢」―I have a dream―をも包含しているように思えてなりません。60−70年代の「夢」とは，依然として今日でも手に入らない，手に入れる努力をすべき「夢」なのです。

（パラマウント，2007年）

〈**参考文献**〉

『ドリームガールズ』映画パンフレット

『ドリームガールズ』サウンドトラック

阿部寧「興行界の光と陰に迫る」『朝日新聞』（2007年3月1日）

小林信彦「本音を申せば」『週刊文春』2007年2月1日号

デニス・ラヴ＆ステイシー・ブラウン著，丸山聡美訳『盲目の信念：スティーヴィー・ワンダーとその母ルラ・ハーダウェイ―ある奇跡の物語』東京書籍，2003年

映画評

『ミリオンダラー・ベイビー』に見るアメリカの光と影

1. クリント・イーストウッドの注目作

クリント・イーストウッドといえば，もはやサンフランシスコの町でカーチェイスをしていた『ダーティハリー』のイメージは薄れて，アカデミー賞受賞映画を監督する「巨匠」の印象の方が強いでしょう。近年の作品だけを見ても，『運び屋』(2018年)，『ハドソン川の奇跡』(2016年)，『グラン・トリノ』(2008年) 等々が，いずれも高い評価を得ています。半世紀に及ぶキャリアを通じて，俳優だけでなく監督としても (カーメル市の市長もやりましたよね)，ハリウッドで最も成功した一人であるといわれるゆえんです。今回はそのなかから，『ミリオンダラー・ベイビー』を取り上げましょう。同年のアカデミー賞のうち，作品賞，監督賞，主演女優賞，助演男優賞の4部門でオスカーを受賞したこの映画は，その「巨匠」，イーストウッド74歳の時の，監督・主演・音楽 (！) による作品です。

ロスアンゼルスのダウンタウンにある小さなボクシングジムの持ち主であり，名トレーナーであるフランキー (イーストウッド) は，実の娘と疎遠になっているという傷を抱えています。そのジムへやってきた31歳のマギー (ヒラリー・スワンク) は，フランキーへの弟子入りを志願します。幼いときに父を亡くし，16歳からウエイトレスをして働いてきたマギーにとって，ボクサーになることだけが望みであり，未来へ向かう扉なのです。しかしフランキーは，「31歳

の女性ボクサーはいらない」と弟子入りを拒絶します。これが最後のチャンスだと知るマギーは，ジムに入会し，黙々と一人で練習を続けます。

そんな彼女の熱心さに打たれて，ついにトレーナーを引き受けるフランキー。彼の指導のもとでめきめきと腕を上げたマギーは試合に連勝し，瞬く間にチャンピオンの座を狙うまでに成長します。同時に2人の間には，家族への喪失感という傷を抱えて生きる者同士の絆が芽生えます。フランキーはマギーのなかに娘の姿を見いだし，マギーはフランキーのなかに父の姿を見いだしたのです。ヨーロッパでの戦いを勝利で終えたマギーは，ついにラスベガスでの100万ドルのファイトマネーをかけたタイトルマッチに挑みます。しかし，試合の最中に，相手の反則によって不幸な事故が起こります……。

2.「女性ボクサー」という存在

上記のストーリーからもわかるように，この映画（特に前半）の中心はボクシング—それも女性のボクシングです。フランキーは弟子入りを志願するマギーに「女性ボクサーはいらない」と断りますが，それは女性にはボクシングを教えないという彼の伝統的な主義に基づく考えのためであり，女性ボクサーの存在自体への疑問や差別のためではありません。つまり，女性ボクサー自体はことさら珍しくはない存在として描かれています。これは日本の現状と比較すると，かなり不可解な状況です。ではアメリカでは，いつ頃から女性のボクシングが盛んになったのでしょうか。

女性のボクシングにはかなり長い歴史があり，歴史をさかのぼると1720年代のロンドンまで辿れると言われます。でも，その長い歴

史の大部分とは，一族で営業するボクシング興行の前座として兄弟と戦うといったような，「見せ物」的な歴史です。アメリカにおける女性ボクサーの試合としては，1876年が最初であると記録されてはいるのですが。このような19世紀の歴史はともかく，20世紀に入ると，1904年の第3回オリンピック大会でボクシングの試合のエキジビジョンとして女性ボクサーの試合が行われたという記録があるので，その頃にはスポーツとして認められていたことがわかります。第2次大戦後になると，ボクシング史上に名を残す女性ボクサーが出現したし，1954年にははじめてテレビ放映がされました。

　このような長い歴史はありますが，女性のボクシングが男性ボクシングと同様に認められるようになるのには，1970年代を待たなければなりませんでした。他の分野と同様に，男性に認められていることを女性にも認めることを求める裁判がいくつも起こされて，その勝訴による地盤変革が起こったからでした。1975年には，ネバダ州でのボクサーライセンスが女性も得られるようになりました。これはアメリカでの最初のライセンスの取得でした。76年にはカリフォルニア州で，78年にはニューヨーク州で3人の女性がライセンスを得ました。1970年代後半からは，女性ボクサーの条件をめぐる裁判—戦うラウンド数や条件に関すること—が盛んに行われるようになりました。

　いくつもの平等を求める裁判の結果，アメリカボクシング協会が女性ボクサーを認めたのは1993年のことでした。95年にはニューヨーク・ゴールデングローブ・トーナメントに女性が出場します。97年にはアメリカボクシング協会において，女性チャンピオン大会が行われました。その時点で女性ボクサーは340人，今日では763

人がメンバーです。99年には4ラウンドの試合ですが，男女の対戦がシアトルで行われました。99年にモハムド・アリの娘であるライラ・アリがデビューし，ジョー・フレイザーの娘であるジャッキー・フレイザーと対戦した時の熱狂的なメディアの取り上げ方は，女性ボクシングの実力と人気が男性ボクシングに勝るとも劣らないことを人々に示したのでした。ちなみに日本でも，日本国内における女子プロボクシングを統轄する団体—日本女子ボクシング協会が1999年に結成されましたが，2008年に解散しています（解散時の会員は130名）。

　女性ボクサーのマギーを演じてアカデミー賞の主演女優賞を受賞したのはヒラリー・スワンク。既に『ボーイズ・ドント・クライ』でオスカーを受賞しています。スワンクは本職のトレーナーについて3ヵ月特訓をして，まったくの吹き替えなしでボクシングのシーンを演じています。ついでに，悪役の「青い熊」ビリー役で出演したのは，第4回世界チャンピオンになったルシア・レイカー本人です。

　イーストウッドは，チャーリー・パーカーの伝記映画である『バード』（1988年）の公開時のインタビューで，「今や私は，フェミニスト監督と呼ばれている」と語っています。彼の映画には，「強い女性」がヒロインとしてたびたび描かれているからです。まあ客観的に言って，イーストウッドがフェミニスト監督かどうかは簡単に同意できませんが，女性ボクサーの活躍に夢と希望を感じさせる『ミリオン…』の前半は，フェミニズムをテーマとする映画であるといっても過言ではありません。女性の進歩，アメリカの光の部分を見せられた思いです。

3. 貧困な母子世帯と社会福祉

女性ボクサーがこの映画の光の部分であるならば，影の部分は貧困を描いていることです。映画は，シングルマザーの家庭で育ったマギーの貧しさと，その家族の貧しさを描いています。マギーはミズリー州のセオドシアの出身で，トレーラーハウス育ちという経歴です。12歳の時に父親が亡くなったため，13歳から弟たちの世話をし，16歳で学校を中退してウエイトレスをして暮らしを立ててきました。今でも，客の食べ残したステーキを，「ウチの犬にあげるの」といって持ち帰り自分で食べるほどに貧しい生活です。彼女の家族も，「弟は刑務所，妹はシングルマザーで社会福祉を受給しているし，母親はデブ」というマギーの台詞から，依然として貧しい生活—ホワイト・トラッシュ（屑）といわれるような—であることがわかります。

マギーの妹が受給している社会福祉とは，AFDC（州によって時期は異なりますが，1997年前後からTANFという制度に変更されましたが，いまだに一般にはAFDCと呼ばれています）という制度です。アメリカでは一般に社会福祉受給者というとき，それはAFDCの受給者を指します。AFDCは1935年の社会保障法により創設された制度で，扶養を要する18歳以下の子どもを持つ貧困家族を対象とするプログラムで，連邦政府が州に補助金を交付し，各州がそれぞれ独自の基準によって運営してきました。扶助の内容は，各州の基準に基づく現金給付，就職奨励プログラム，就職斡旋サービス，保育を含みます。ひとり親家族，または両親がいても失業者か，どちらかの親が重度の心身障害者であれば対象となりますが，対象家族の大部分がシングルマザーであることはいうまでもありません。ゆえに

AFDC を受給しているシングルマザーは,「ウエルフェアー・マザー」と呼ばれますが,同時に「ウエルフェアー・マザー」とは,未婚で子どもを産み,仕事をしないで AFDC とフードスタンプをもらって生活している自堕落なシングルマザーというイメージを伴います。このような「イメージ」は,AFDC の受給者が増大し,かつその受給者の大部分が離婚や未婚のシングルマザーによって占められることが顕著になった1980年代から定着し,AFDC を厳しく制限することが求められるようになりました。1996年8月に福祉改革法といわれる「個人責任と就労機会調停法」が成立し,AFDC を廃止して新たに TANF を創設したのはそのような改革の結果です。

ボクサーとして躍進したマギーは,「小金が貯まったら家を買え」というフランキーの助言に従って,母親のためにミズリーに小さい家を購入し,プレゼントします。しかし母と妹はそれを喜ばず,「(社会福祉の受給をストップされてしまうから)家ではなく,金をくれれば良かったのに」と文句を言います。

シングルマザーの家族が貧困に陥りやすいこと,その貧困から抜け出すことが困難なこと,世代をまたがって貧困が継続していること,(マギーのように)働き続けても依然として貧しいこと―ジェンダーに起因するアメリカの貧困という影の部分を映画は描いています。

4. 後半の展開

映画の後半は,フェミニズム映画とは趣を異にします。100万ドルのファイトマネーを賭けた試合でマギーは,相手の反則を受けて転倒し,頸椎を損傷してしまいます。話すことはできるけれど,人工

呼吸装置を付けて，全身麻痺でベッドに寝たままで残りの人生を過ごさなければなりません。さらに血流の停滞により片足を切断せざるを得なかったマギーは，自分は今まで充分生きたのだから死なせてほしいとフランキーに懇願します。彼女の願いを叶えてあげるべきかどうか，フランキーは悩みます。

　この背後には，2人の人種的・宗教的な背景—アイルランド系アメリカ人で，敬虔なカトリック信者—があり，このような願いと選択がより深い悩みであることを示唆します。フランキーはゲール語（アイルランドの古語）の詩集を好んで読んでいることから，マギーはそのフイッツジェラルドという姓（ケネディー家と同じで，アイルランド人の家名です）から，ともにアイルランド系であることがわかります。このような人種的背景は，宗教的な問題以外でも映画のなかで重要なポイントとなっています。

　試合に勝ち続けたマギーがイギリスチャンピオンとの試合を迎えた時，フランキーは「モ・クシュラ」というゲール語の刺繍をほどこした試合用の緑色のガウンをプレゼントします（緑色は，アイルランドの象徴とされている色です）。マギーにはその言葉の意味がわかりませんでしたが，会場を埋めたアイルランド人観客からは「モ・クシュラ」の大声援が巻き起こります。それを背にイギリスチャンピオンに快勝したマギーの新しい名前「モ・クシュラ」は，ボクシングファンの間で一躍有名になります。

　映画の原作は，2000年に出版された，F.X. トゥールの短編集 *Rope Burns*（Harper Collins 版）（日本語版は，2005年にハヤカワ文庫から出版された『ミリオンダラー・ベイビー』のなかに納められている「ミリオンダラー・ベイビー」と「凍らせた水」）。ここに集められた短編は，すべ

てボクシングに関する小説です。作者のトゥールという人は，さまざまな仕事を遍歴した40代半ばになってから，突然ボクシングの情熱に目覚めてボクシングを始めます。しかし間もなくその才能に限界を感じて，コーナーマン，トレーナーに転向し，多くのチャンピオンを育てた人だそうです。その彼が70歳の時に書いた最初の作品集が *Rope Burns* です。トゥールは2002年に72歳で亡くなっていますので，この短編集は彼の残した，ごく限られた作品です。

　トゥールはボクシングを通して人生を描いた，あるいは人生を描くことでボクシングを描いたといわれていますが，それ以上に彼はボクシングを通してアメリカ社会を描いたといえるでしょう。彼の小説に登場するボクサーたちは誰も，貧しく弱い立場にいる人たちです。いわゆる低所得層のハングリー・ピープルそのものです。ハングリーであるからこそ，彼らはボクシングという夢を見る。彼の小説には，アメリカの夢と挫折が描かれています。

　自殺をしようと舌をかみ切り，失敗して話すこともできなくなったマギーを見て，フランキーはマギーの願いを叶えることを決めました。その行動を実行する前に「モ・クシュラ」の意味─「私の愛しい人」─をマギーに教えるのです。イーストウッドは，この映画はボクシングの物語ではなく，「父と娘のラブストーリー」だと語っていますが，ラブストーリーでもあり，セカンドクラスの人たちや女性たちにとってのビルドゥングス・ストーリー（成長物語）であるともいえるでしょう。

（ムービーアイ／松竹，2005年）

〈参考文献〉

F. X. トゥール著，東理夫訳『ミリオンダラー・ベイビー』（ハヤカワ
　文庫，2005年）

坪内祐三「文庫本を狙え！（398回）」『週刊文春』8月3日号

Women Boxing Archive Network ホームページ
　http://www.womenboxing.com/（2009年10月15日アクセス）

書　評

バーバラ・エーレンライク著・曽田和子訳

『捨てられるホワイトカラー：格差社会アメリカで仕事を探すということ』

1.「潜入ルポ」という方法

　本書の著者であるジャーナリストのバーバラ・エーレンライクは，2001年の夏に出版された，*Nickel and Dimed*（Metropolitan Books）の著者である（翻訳本が『ニッケル　アンド　ダイムド：アメリカ下流社会の現実』として出版されたのは2006年である）。インターネットや株取引による富者が日々出現するアメリカで，依然として貧困に直面している多くの人々がいること，その人たちの多くは女性で，フルタイムで，年間を通して働いているにもかかわらず貧困であることに注目したエーレンライクは，その現実を明らかにするために自分自身が低賃金労働者として働くことにした。そのルポルタージュが2001年に出版した同書であり，100万部近いベストセラーとなったのだった。当時，評者はアメリカの福祉改革に関する本を書いていたのだが，エーレンライクが明らかにした現実とは，福祉改革が標榜した理念が機能してはいないことを明らかにしたのだった。低賃金のサービス業—ウエイトレス，ウオールマートの店員，老人ホームの皿洗い，清掃人—として実際に仕事に従事したエーレンライクは，そのような低賃金の仕事はたとえフルタイムで働いたとしても生活が成り立たないこと，「仕事に就くこと」が貧困の解決にはならないというレトリックを明らかにしたのだった。

1996年8月にクリントン大統領によって署名された「個人責任と就労機会調停法」は，アメリカの社会福祉を大転換させた法律である。貧困な家族（多くはシングルマザー家族）を援助する公的扶助である要扶養児童家族扶助（AFDC）を廃止し，より制限的な「貧困家庭への一時扶助（TANF）」という新たな制度を創設した。シングルマザーを労働の場に押し出すことが公的援助から抜け出す良薬だとされたのだが，ジェンダー化・周辺化された労働は貧困から抜け出すチケットにはならないと，福祉改革を貫く欺瞞をエーレンライクは明らかにしたのである。

　次作である本書も，ベストセラーとなった前作同様に，アメリカ社会の現実を明らかにするエーレンライク自身の覆面潜入ルポルタージュである。ただし今回の対象となったのは，ホワイトカラーの失業者の世界である。著者は2002年頃から，かつてミドルクラスのメンバーであった人から深刻な話を聞くようになったという。その人たちとは，高校時代に子どもを産んだわけでもなく，大学を卒業し，かつてはミドルクラスの仕事に就いていた人々である。低所得者層だけではなく，ミドルクラスの人々も今や生活に困窮しつつある。昔からある「おとり販売（Bait and Switch）」というやり方に引っかかった人のように（本書の原題は *Bait and Switch: the Futile Pursuit of the American Dream*（Metropolitan Books, 2005））。なぜ，そのようなことが生じているのだろうか。本書はその疑問に対する答えである。

2. ホワイトカラー失業者の生活

　低賃金労働者として働いた前回の潜入ルポと比べて，今回はずっ

と簡単であると著者は予測していた。床を磨かなくてもいいし，重いものを運ぶ必要もない。しかしそれは間違いで，今回の潜入ルポの方がずっと難しかった。著者は充分な準備をしてホワイトカラー失業者に扮したのだが—エーレンライクという名前を結婚前の名前に法的に変えて Barbara Alexander として ID や社会保障カードを入手した，フリーランスのジャーナリストの経歴から企業の PR 担当を希望する詳細な履歴書を作成した，問い合わせに備えて話を合わせて答えてくれる友人を準備した，Kinko's で名刺を作った等々—，実際に雇われなかったばかりか，面接にまで至ったケースでさえ2社のみ！であった。これは驚くべき結果ではないだろうか。当初著者は，求職活動に4－6ヵ月費やし（2004年の失業者の平均求職活動が5ヵ月），次の3－4ヵ月を実際の雇用にあてるつもりでいたが，予定を大幅に変更せざるをえなくなる。約1年にわたるプロジェクトのうち7ヵ月を求職活動にあてたが，結局仕事に就くことはできずに，求職活動中に知り合った失業者へのインタビューに残りの期間をあてることになった。ちなみに，インタビューに応じた11人の求職者のうち，「本当の仕事」に就いた人はまだ一人もいなかった。「生き延びるための仕事（仮の仕事）」に就いた人は数人いたけれども。

　著者の求職条件が厳しすぎたのだろうか。はじめは目標高く，今までのフリーランスでの経験を生かした，健康・医療分野の PR 担当かイベント・プランナーの「管理職」で，年収5万ドル（ミドルクラスの生活を維持できる額）と健康保険を条件としていたが，後半では「管理職」の条件を取り下げた。求職方法が間違っていたのだろうか。エーレンライク（求職中はアレクサンダー）の求職活動は多方面にわたって計画され，地域的にも広範囲に及んだ。インターネット

での仕事探しでは、ウェブにいくつも登録し、あるいは履歴書を送り電話が来るのを待つ。一方で、ウェブサイトからコーチを選択して（ブルーカラーと異なってホワイトカラーは職探しに投資するので、職探しや転職を援助する「転職産業」という分野が成立している）、よりよい履歴書の書き方、態度、服装についてのアドバイス等を受ける。さらに個人的なつながりをつくる「ネットワーキング」のための求職者の講習会・交流会に州を超えて出席し、各地の「求職フェア」に出店している企業のブースを訪ねる等々を行った。

　そのような努力にもかかわらず成果を得られなかった理由として、著者は2つの理由をあげている。ひとつは著者の年齢のこと。一般的に言って45歳以上の女性が雇用されるのは非常に難しい。「母親役割」を求められる秘書の場合を例外として。2つめは、個人的な紹介やつながりを利用できなかったこと。実際に転職または失業により求職する場合、それまで働いていた職場や人間関係を活用して新たな仕事を見つけることが多いだろう。「アレクサンダー」としての著者は、そのような職場や人間関係を利用できないという不利な立場にいたからである。しかし著者の求職が成功しなかったのは、それら2つの理由以外にもあること、アメリカのホワイトカラーの労働の変質そのものにあることを著者はプロジェクトを通じて学んだのである。

3. 不安定化する労働・企業

　問題は、アメリカのホワイトカラーの仕事そのものが変質し、不安定化していることにある。最近の悪化の兆候として、2001年の経済の下降から始まった失業率の増加がホワイトカラーに起こったこ

とがあげられる。失業率は2003年末には5.9％となったが，従来は
ブルーカラーがその対象であったことと異なって，うち20％—160
万人の失業者はホワイトカラーであった。90年代半ばから「削減」
—あるいは適正化，スマート化，リストラとも言われるが—が行わ
れ，ホワトカラーの機能が外国の低賃金労働により調達されるよう
になった。その結果として，新たに就くことのできるホワイトカラー
の仕事は，臨時の仕事や，不安定な仕事ばかりとなる。その例とし
て，著者が面接まで行った2ケースのうちの1ケースを紹介しよう。

　著者が面接まで行った企業のひとつは，AFLAC である。日本の
テレビでもアヒルがそのキャラクターとして登場する CM を流して
いる保険会社である。6ヵ月の間に最低5万ドルの商品を販売し，最
低新規6口座を開設し，最低1人のセールス職を募ることができれば
CIT（訓練におけるコーディネーター）になることができる。著者が面
接担当の販売部門の管理職から見せられた「収入図解」によると，
例え怠け者であったとしてもコミッションとボーナスを合わせて，
初年度に 32,000 ドル稼げるとあるが，要するに営業成績次第である。
一方で著者に要求されたことは，まず同社が州内で開催する訓練ク
ラスに出席すること。2人部屋のモーテル代は AFLAC が支払うが，
ラップトップ・コンピュータは自分で購入し持参する。また保険取
扱人の資格を取得する講座の費用1,900ドルも投資しなければならな
い。そして保険を売っている会社なのに健康保険はない。事務所も
なく，自分の家をオフィスとして使用する。2回の面接（説明）の後に，
著者は面接担当者から「我がチームにようこそ」と握手された。

　著者は仕事を手に入れたわけである。それも誰でもが知っている
知名度の高い会社に。しかし著者は考える，これは（オファーがあっ

たもうひとつの仕事も含めて) プロジェクトの当初に考えた「仕事」ではない。給料がなく，福利厚生がなく，電話もファックスも，働く場所さえ提供されないのだ。面接担当者に言わせると，このようなコミッションだけの販売の仕事に2003年には1300万人が従事し，250億ドルの物品を販売しているという。著者は二度と電話をしなかったが，面接担当者からも電話がかかってくることはなかった。

4. 団結し，運動すること

　著者のホームページに掲載された Center for Economic and policy Research の資料によると，アメリカの労働者のうち1時間16ドル以上の賃金 (年間収入にして32,000ドル) と，健康保険と年金を得ているのはわずか25％だけである。そしてこの数字は，1979－2004年の26年間にほとんど変わっていない。その間に経済は向上し，教育レベルも向上したにもかかわらずにである。ホワイトカラーの失業者，あるいは雇用はされているものの適正な賃金や利益を得ていないホワイトカラーの問題が浮上したのである。従来のアメリカ人は，生涯で4－5の仕事を変遷したが，今では2桁の仕事を変遷する。失業したホワイトカラーは，とりあえず「生き延びるための仕事 (仮の仕事)」に就き，パートタイムや臨時の仕事が恒常化していく。ワーキングクラスや貧困層だけでなく，ミドルクラスが変質し，下流化しつつある。

　それでは，このような状況にどのように対抗すべきだろうか。失業者 (または転職希望者) のための講習会や「ネットワーキング」に出席した経験から著者は，そういう場で求職者たちが「団結しないこと」が問題であると指摘する。例えば医師・弁護士・教員には組

合があり，ブルーカラーも職種によっては組合があり団結する。しかしホワイトカラーは能力主義による個人主義を信奉しているために団結することがなかった。そのために，例えば失業保険，健康保険，年金といった公的責任を要求する課題が放置されてきた。前作同様に本書の謝辞を捧げ人々のなかにフランシス・フォックス・ピヴェンがいる。1960年代に全米を席巻した公的扶助要求運動である福祉権運動を高く評価するピヴェンと著者の深い親交からして，現状を打破する運動に著者が多くを期待していることは明瞭である。

（東洋経済新報社，2007年）

〈参考文献〉

バーバラ・エーレンライク『ニッケル・アンド・ダイムド：アメリカ下流社会の現実』東洋経済新報社，2006年

バーバラ・エーレンライクホームページ

http://www.barbaraehrenreich.com（2010年5月1日アクセス）

堤　未果

『沈みゆく大国：アメリカ』

1.　アメリカの医療改革について

　2010年3月，オバマ大統領（当時）は，アメリカ国民に保険加入を義務づける「医療保険制度改革法（The Patient Protection and Affordable Act）」（通称，オバマケア）に署名した。リーマンショック以降国内の貧困が拡大し，労働者の4人に1人が時給10ドル（1,000円）以下で生活するアメリカで，オバマ大統領はついに今まで実現しなかったアメリカの夢に手をつけたのだと期待する人々も多かった。「もう二度と，病気になっただけで医療破産するようなことはおこらなくなる」「既往歴による保険会社の加入拒否ももう終わる」「皆保険は最初の1歩だが，間違いなく大きな1歩となる」等々，ツイッターやフェイスブックによりこのようなメッセージは瞬く間に国内に広がった。多くの人々が期待したように，この法案には良い点も多々あるのだが，果たしてこの法案の実施によって，アメリカの医療は画期的に変化するのだろうか。本書はさまざまなアメリカの問題点に触れてはいるけれども，ここでは以前に堤未果が出版した，『ルポ　貧困大国アメリカⅡ』（同，2010年），『ルポ　貧困大国アメリカ』（岩波新書，2008年）のなかでも触れている医療改革について取り上げて見ていくことにする。

　なお，2016年11月の大統領選挙では，医療改革をさらに推進する方針を明らかにしていたヒラリー・クリントンが敗れ，医療改革を

阻止することを公言するトランプが大統領となったため，その後の医療改革は停滞したままである。ゆえに本書評は，堤未果の補足と説明を主眼とし，今後の医療改革の行方を注目するにとどめたい。

2. 医療保険の現状

まずは，話題になっているアメリカの医療保険であるが，アメリカの社会保障制度のなかに全く医療保険が入っていないわけではない。

アメリカの社会保障制度は医療保険を欠落させて成立したが，1960年代にメディケア（高齢者用医療制度）と，メディケイド（低所得者用医療扶助）の2種類の医療保険が追加され，現状では〈図1〉の構成になっている。メディケアは，高齢者と障害者のための全米規模の医療保険である（1966年施行）。65歳以上のアメリカ人は社会保障の年金の受給と同時にほぼ自動的にメディケアの被保険者となり，障害者も含めて一定の患者負担分だけで各種の医療サービスを受けることができる。しかし，カバーされる年齢と条件が限られている

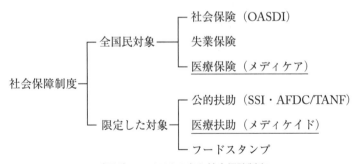

〈図1〉 アメリカの主な社会保障制度

出所：評者作成

ため，一般的には，雇用者負担または各自の負担により，民間医療保険の被保険者となることが必要である（メディケア受給前は，もちろん民間の保険を購入することは必携である）。もう1種の，限定した人を対象とするメディケイド（医療扶助）は，1965年に成立した。低所得の人々だけを対象として，連邦政府が補助金を出して州が運営している。医療も自前で行われているアメリカでは，自前で民間の医療保険を購入することは，特別なことではない（企業が一部を負担することもある。特に高収入の被雇用者は，無料で良質の民間保険に家族共々入ることができ，入社の際の重要な条件となっている）。一般にアメリカでは国民の3人に1人は雇用者を通じた（あるいは自前の）医療保険に加入していて，また，6人に1人は無保険者であるという報告がある。このような無保険者（または条件が厳しい民間保険に入っているため，使用できる医療保険の枠が小さい人）が大きな病気をした場合，『ルポ　貧困大国アメリカ』に書かれているように，医療費による個人破産が生じることになり，その増大が社会問題化している。これは評者の親しいアメリカ人の友人に実際に起きた話であるが，友人の夫が緊急で心臓手術を受け2週間の入院をしたとき（さまざまな不幸な事情があり，当時夫は民間の医療保険に入っていなかった），23万ドル（2300万円）の請求書が病院から送られてきたという事実がある。

　このような状況下では，なんとしても全国民が加入できる医療保険が必要である。何よりもこの法律ができれば，今後アメリカでは医療保険加入が全国民の義務になるのだ。保険会社が既往歴を理由に加入を拒否したり，病気を理由に一方的に解約することも今後はできなくなる。加入者に支払われる保険金総額の上限を撤廃する一方で，医療破産を防ぐために患者の自己負担額には上限がつけられ

た。収入が低ければ一定額の補助金が政府から支給され，従業員50人以上の企業には社員への保険提供が義務化され，違反をすれば罰金が科せられる。こうした政府発表はどれも，高額な医療費や保険料で苦しむ国民にとっていいことずくめだった。オバマケアは少しずつ，だが確実にアメリカ国内に浸透しつつあった。今後10年間で3000万人がオバマケアに登録し，国民の医療保険保持者は94%になると予想されていた。しかし施行から1年，オバマケアの内容が明らかになるにつれ，反対や批判が多発するようになる。

3. 2つの保険制度：「単一支払い皆保険医療制度」と「公的保険オプション」

　日本で「国民皆保険」といえば，「保険証さえ持っていれば，日本中どこの病院でも，一定の窓口負担で医療が受けられる保険」のことであるが，現在のアメリカで進められているオバマケアとは，日本のような国民皆保険──「単一支払い皆保険医療制度」とは別のものである。日本，カナダ，イギリスなど多くの先進国で適用されている「単一支払い皆保険医療制度」とは，医療を受ける側が民間の企業を介さず政府や公的機関に直接保険料を支払い，少ない自己負担で診療を受けるシステムのことである。アメリカのようにすでに民間保険が中心となっている国では，患者と医師の間に政府ではなく，医療保険業界というビジネスが介在する。前著『貧困大国アメリカ』でも記されていたが，彼らは，病院の株主のような役割を果たし，被保険者を提供した先の病院や医師たちに経営方針どころか治療方針にも指示を出す。そして保険を提供する患者には，年齢や健康状態で保険料に格差をつけたり，過去の病歴などを理由にして

保険金の支払いを渋り，利益を上げる。そのためこの新法律は，全国民に民間医療保険への加入を義務付けながら，保険料やその適用範囲，薬価の設定などには規制をかけないなど，医産複合体の利益を損なわない内容になっている。しかし同サイトを通じてオバマ保険を買う人も少しずつ増加し，2016年には，1300万人がオバマケアに登録した。

オバマ大統領が最初に宣言した医療改革制度とは，基本的には「単一支払い皆保険医療制度」に類するもののようであったらしい。1993年にヒラリー・クリントンが旗振り役となって進めたものも同じような皆保険制度の導入であったし，現制度から莫大な利益を得ている医療保険業界と製薬会社の横やりでつぶされはしたものの，旧制度に賛同し，支持する識者も多い。しかし，結果的にはヒラリー・クリントンの時と同様に，実現したのは「単一支払い皆保険医療制度」ではなかったのだ。「単一支払い皆保険医療制度」が，医師と患者の間に民間企業を介在させないのに対して，もうひとつのオプションである「公的保険オプション」とは，公的保険か民間保険かを選択できるようにするもので，あくまでも民間保険との両立が前提である。加入した保険が条件にあてはまらなければ，オバマ大統領が各州に設置した〈エクスチェンジ「保険販売所」〉で新しい保険を購入しなければならない。そこでは政府の既定条件を満たす保険プランだけが売られていて，国民はそのなかから月々の保険料や適用範囲などを比較して，最も自分に合ったプランを買わざるをえない。結局は，保険会社のプランに合わせることになるのだ。

オバマ大統領は，改革の内容を次第に変化させていく。長い間「単一支払い皆保険医療制度」を支持していた有力者たちも，公的保険

と民間保険の抱き合わせ案に転向していく。当初の案の実現を待っていたのでは，いつまでたっても実現しないことに気づいたからだ。そもそもアメリカの医療を破綻させている医療保険会社や製薬会社などの医産複合体を排除するためには，政府が一括で運営責任を負う「単一支払い皆保険医療制度」の実現だけなのであるが，「単一支払い皆保険医療制度」は議論のテーブルから早々に消え去り，いつのまにかオバマの医療改革は，「公的保険＋民間保険」か，「既存のままの民間保険のみ」という対立に変わっていく。その経過についても大手のメディアが沈黙したため，多くの国民はそれが外されたことすら知らずに，いつのまにか，「公的保険オプション」という代替案にすりかわってしまったのだ。

　アメリカにはすでに説明したように，公的医療制度であるメディケア（高齢者用医療制度）とメディケイド（低所得者用医療扶助）の2つが存在する。オバマが解消しようとしている4700万人の無保険者の大半は，貧困層の人々に加えて，「65歳未満，なおかつメディケイドの受給資格を満たすほどの貧困状態ではない層」，つまり職を持ち，ある程度収入のある中流層も含まれる。特にリーマンショック以降，普通に仕事を持ちながらも医療保険を持っていない中流層が次々に出現した。50人以上の社員がいる企業へ，社員の医療保険提供が義務づけられたため，「（政府に）罰金を払って企業保険を廃止する」か「今いるフルタイム社員の勤務時間を減らし，大半をパートタイムに降格する」という「防衛策」を取りつつある企業も出現した。その結果，「労働時間は減り，企業保険にも加入できない」というパートタイム労働者が増加している。

4. 今後の展開

　2016年の大統領選挙は，オバマケアが選挙結果を招いたという人もいるぐらいである。その是非はともかく，オバマケアが論点のひとつとなったことは間違いないだろう。選挙直前の10月に政府が来年の保険料が25％上がるとの試算を出し，同時期にトランプ候補は，「オバマケアは崩壊している。政府が出した数字はでたらめで，保険料は60－80％は上がるだろう」と発言した（『朝日新聞』2016年10月27日）。選挙戦中に，オバマケア拡充を主張する民主党のクリントン候補に対し，「撤廃」を訴えてきた共和党のトランプ候補はここぞとばかりに攻勢を強めたのだ。そして2016年11月の選挙直後に，勝利したトランプ次期大統領は，オバマ政権にとって「レガシー（遺産）」のひとつであるオバマケアを見直す考えを明らかにしている「医療保険をより手頃で良質なものに修正する」。（『朝日新聞』2016年11月12日）

　オバマケアがはじまって当時で既に7年近くたつのに，共和党は医療改革の概要さえも示していない。なぜなのか？　実のところ不思議でも何でもない。オバマケアに反対する人々は多いが，持病があっても保険に入れるようにするといった改革の中身には，大多数の人が賛同している。それを実施するとすれば，政府の医療政策を大幅に拡充するか（共和党の優先事項とはとても思えないが），民主党が通した法律によく似たものを作るしかないのだ。共和党にとって分が悪いことには，批判を受けながらもオバマケアは現在そこそこ順調に施行されていることだ。1300万人の人が政府の運営するサイトで保険を買ったからである。無保険のアメリカ人の数は史上最低になった。もし共和党が規制緩和を進め，政府支出を大幅に削減する

ためにオバマケアを変更したり破棄したりすれば，かつてのように保険会社が自由に加入者を選ぶようになるだろう。その結果，200万人ものアメリカ人が保険を失うことになるだろうが，その人々の大半とは，トランプに投票した人たちなのだ。

　当時の新聞には，共和党の「オバマケア撤廃案」が掲載されている。共和党の予算委員会はオバマケア撤廃のための決議案を提案したという。しかしその「代案」ははっきりしておらず，実際に撤廃されるのか，どのように修正されるのかは現状では全く不明である（『朝日新聞』2017年1月6日）。私たちはオバマケアが与える思いの外に大きい影響を見守ることしかできないのだろうか。

（集英社新書，2014年）

〈参考文献〉

書評：斉藤環「賛否わかれるオバマケア」『朝日新聞』2015年1月18日

杉本貴代栄『アメリカ社会福祉の女性史』勁草書房，2003年

オバマケアに関する記述：

　https://obamacare.net/obamacare-summary/（2018年4月30日アクセス）

　http://obamacarefacts.com/obamacare-facts/（2018年4月30日アクセス）

映画評

アメリカの「島の貧困」を描いた『ウィンターズ・ボーン』

1. 映画の特徴とストーリー

　サンダンス映画祭でグランプリと脚本賞の2冠を獲得し，第83回アカデミー賞では作品賞，主演女優賞，助演男優賞，脚色賞の4部門にノミネートされ，インデペンデント映画の傑作と絶賛された本映画の舞台は，アメリカのほぼ中央に位置する，ミズリー州のオザーク高原の山村地域。まずは観客は，山岳地域の荒涼とした風景に目を奪われます。現代のアメリカらしからぬ，まるで西部劇のような前時代的な風景が広がるからです。大自然の凍てつく風景，傾いた家屋，あちこちに投げ出された大量のガラクタや錆びついた車，やせこけた動物たち。この地域の住民はアメリカ社会から見捨てられたような白人貧困層の人々で，銃や暴力，麻薬が身近なすさんだ生活を送らざるをえません。映画は，きらびやかで自由な超大国アメリカのもう一つの側面を描き出します。

　その地域に住む17歳のリー・ドリーは，幼い2人の弟妹と精神を病んだ母親を抱えて，その日暮らしを何とか一人で支えています。ドラッグ・ディーラーの父ジェサップは長らく不在で，つらい現実に耐えかねて精神のバランスを崩した母親は言葉を発することも殆どありません。生活資金ももう底をつき，飼い馬のえさ代すら捻出できずに，隣人の援助にすがって預かってもらう始末です。家は1914年に建てられたもので，天井が高く，たったひとつだけの電灯

が家のなかのあらゆるものに陰気な影をつくります。家具は祖父母が生きていた頃に運び込まれ，母親が子どもの頃から使われてきたものばかりで，椅子の分厚い詰め物やすり減った張り布には祖父のパイプ煙草と1万日分の埃のにおいが残っています。

　隣人が猟の獲物を庭木に吊しているのを見ながら，8歳の弟アシュリーがリーに話しかけます。「今夜，ウチにも肉を持ってきてくれるんじゃないかな，助けあうのが親戚でしょ。頼んでみたらどうかな？」「だめ。もらえて当然のものでもこっちから頼むのは絶対にだめよ」。実は食料庫にはめぼしいものがなく，残りの薪も心細いのです。

　このような生活を立て直すために，リーは軍隊に応募しようと思っています。軍隊に行けば一時金として生活資金がもらえます。自分が居なくなったときのために，弟にさまざまな生活の方法を教え込みます。猟銃の使い方，獲物のリスの捌き方……。

　そんなある日，地元の保安官が訪れて衝撃的なことをリーに伝えます。警察に逮捕され，長い懲役刑を宣告されたジェサップが，自宅と土地を保釈金の担保にして失踪したのです。もしこのまま翌週の裁判にジェサップが出廷しなかったら，リーたちが住んでいる家は没収されてしまいます。やむなくリーは，家族を守るために自ら父親探しに乗り出すことになります。

　かくして，あてどない父親探しをはじめたリーは，何らかの手がかりを得ようと，オザーク高原に散らばって暮らすドリー一族の親族や知人を訪ねます。薬物漬けの伯父ティアドロップ（原作によると，服役中に4筋の涙の入れ墨—彼が果たすべき4つの義務をあらわしているらしい—をしたのでその名で呼ばれているという）にはすげなく追い返

されてしまいます。しかし父親の元愛人からは，父親が深刻なトラブルに巻き込まれたとの証言を得ます。ティアドロップも重い口を開き，もう父親はこの世にいないことをほのめかします。

やがて裁判の当日，ジェサップはやはり姿を見せませんでした。リーの家にやってきた保釈保証人（アメリカでは，保釈金を保証することを仕事にしている人がいる）から，冷酷にも1週間以内に家を出るように告げられます。それを逃れる唯一の手段は，父親が死亡したという証拠を見つけ出して，保釈保証人に手渡すことでした。

どうやら父親は，この地域の掟に背いた報いを受けて，何者かに殺されたらしい。リーは真相を知っているであろうミルトン一族の長老への直談判を試みます。しかし，一族が封印しようとしている父親の行方をほじくり返すことは，彼らの逆鱗に触れることでした。リーは，ミルトン一族の女たちに拉致され，すさまじいリンチを受けます。そんな絶体絶命のリーを助けたのは，以外にも伯父のティアドロップでした。

命は救われたものの，父親の死んだ証拠を見つけることはできません。もはや家を立ち退くしかありません。そんなリーの前に，以外にも予期せぬ人物が現れます。リーの一途な行動が酷薄な山村の人々の心をほんの少し動かしたのか，あるいはリーを見捨てたという地域の噂をささやかれることを嫌ったのか，リーにリンチを加えたミルトン一族の女たちが助けの手をさしのべます。

「おまえは父親の骨が必要なんだろう？ついて来るといい」。リーは勇気を振り絞って，最後の試練に身を投じるのでした……。

〈図1〉 オザーク高原の位置

出典：映画パンフレットより

2. 映画の製作について

監督・脚本は，デブラ・グラニック，本映画は彼女の長編映画の
2作目です。日本では配給されなかった1作目 *DOWN TO THE
BONE*（2004年）は，スーパーのレジ係として働きながら2人の子ど
もを育てる母親が，コカイン中毒を克服するためにリハビリセンター
に通う物語です。苦難と闘う女性を描くことでは本作と共通してい
ます。ウッドレルの原作を読んだ彼女は，すぐ映画化する決心をし
たそうです。

原作者のダニエル・ウッドレルは，アメリカ南部の特異な風土と
文化を背景に，性や暴力など人間の弱い部分，闇の部分を描くとい
う，いわゆる「南部文学」（例えば，ウィリアム・フォークナー，テネシー・
ウィリアムズ等）の系譜に連なる作家であり，オザーク地方を舞台に
した小説を，最新作である本作を含めて5つ書いています。彼の出

身地も現在住んでいるところもオザーク地方で，同地に伝わるケルト文化を背景にした神話的で魔術的なエピソードを題材にしているところが特徴です。映画では省略されていますが本原作でも，一族の歴史や性的に放縦な人々の生活，神話的で魔術的な生活の実態を描いています。一例をあげれば，ミルトン一族の女たちのリンチにあったリーの傷を癒すために，リーの親友の女友達は，「魔女のおっぱいより冷たい」といわれるバケット・スプリングスという泉に浸かるためにリーを連れて行きます。こうした民間療法がオザークには山ほどあるし，信じられてもいるようです。

　映画の製作は，原作者のウッドレルの協力を得て行われました。監督のデブラ・グラニックと制作・共同脚本のアン・ロッセリーニは，南ミズリーにあるウッドレルの自宅を訪ね，彼と一緒に小川や洞窟や家々を見て回り，ロケハンの場所を探しました。2人のためにウッドレルの妻，ケイティ・ウッドレルは，オザーク文化に傾倒する歌手，語り部，フォークロア研究者を引き合わせてくれました。

　彼らはまず，小説に描かれている一家に近い生活状態の家族を捜すことからはじめました。彼らの家や洋服，持ち物，食事を見せてくれる家族を見つけなくてはならなかったからです。彼らの狩りの仕方や動物の世話の仕方，日々の問題にどう対処するのかを見せてもらう必要があったからです。撮影は，実際に家族が住む土地で行われました。その地区の人たちを多くの役に配役することで，彼らに正しい方言を教えてもらい，撮影は進められました。ですからこの映画は，オザーク地方の人々の厳しい生活を正確に描写しているといえるでしょう。

　ところで「ウインターズ・ボーン（冬の骨）」というタイトルですが，

ウッドレルによれば，この「骨」とは，「人を喜ばせるために与える
ちょっとした贈り物」を意味するスラングだそうです。つまり犬に
投げてやる骨です。冬の贈り物とは，最後にリーの一家を救う「父
の手の骨」のことを意味しています。

3. ヒルビリーといわれる人々

　それでは，この映画が描くオザーク地方に住む人々は，なぜ現代
のアメリカ社会から忘れられたように貧しいのでしょうか。映画の
舞台となるオザークは，ミズリー州とアーカンソー州の州境に広が
る丘陵地です。オザークには山や川や森があるので一見すると美し
く豊かな土地に見えますが，実際には傾斜が多くて耕地面積が少な
く，しかも岩だらけなので大規模農業には適しません。だからオ
ザークには石垣があちこちにあります。原作のなかではリーが石垣
に触れて，それを積んだ自分の祖先に思いをはせる場面があります。

　山間部に住む人たちには，彼ら独自の歴史があります。そのよう
な荒れ地であるオザークに入植した人々は，アメリカ東部のアパラ
チア山脈から来たと言われています。アパラチアとオザークに住む
白人たちを，都市部に住む人々は「ヒルビリー(hillbilly)」と呼びます。
「ヒル(高地)に住む奴ら」という意味で，昔から漫画や映画で偏見
を込めて描かれてきました。ある時は，文明の汚れを知らない素朴
な自然児として，またある時は，不潔で粗野で，法律も警察も恐れ
ない無法者として。では，現実のヒルビリーとはどんな人々なので
しょうか。

　ヒルビリーの語源はヒル(山)に住むビリー(スコットランド人)で
あり，ヒルビリーの多くがスコッチ・アイリッシュ，つまり英国の

植民地になった北アイルランドに入植したスコットランド人です。リーの姓ドリーもゲール語だから，スコットランド系でしょう。スコッチ・アイリッシュは，19世紀にアイルランドを襲ったジャガイモ飢饉を逃れてアメリカに渡ってきました。ですが当時，耕作に向いた土地は既にイギリス系移民に独占されていました。選択肢は2つしかありませんでした。南部の地主の下で以前と同じように小作として働かされるか，たとえ貧しくても独立して山奥で暮らすかです。後者を選んだ人々がヒルビリーです。

　アイルランドでも石だらけの土地で苦労しましたが，アメリカに渡っても同じでした。石垣を積みながら彼らは，もう家族と銃以外は何も信じないと思ったのかもしれません。歴史はさらに彼らを翻弄します。南北戦争になると，アパラチアとオザークのあるいくつかの州は南と北のボーダー州になりました。一つの州のなかで，奴隷制廃止の北軍を支持する住民と，奴隷制維持の南軍を支持する住民に分かれて対立したのです。特にミズリー州のオザーク地方では南軍支持が優勢で，住民は「ブッシュワーカー」というゲリラ組織に身を投じて，互いに殺し合いをしたのです。映画化されたダニエル・ウッドレル原作の他の映画『楽園をください』は，なりゆきでブッシュワーカーに入ってしまった若者が主人公です（原作は，『Woe to Live On』1987年）。南軍降伏後もブッシュワーカーたちはアウトローとして反逆を続け，北部に遠征して銀行強盗などをしました。オザークでは今も，ロビン・フッドのような義賊と思われているそうですが。1930年代の大恐慌時代にもオザークのアウトローたちは暴れました。アメリカ各地の銀行を襲い，FBIと闘ったヒルビリーたちが歴史に名を残しています。

現在，ヒルビリーによる犯罪の主流は，銀行強盗や密造酒ではなく，覚醒剤です。薬屋で買った風邪薬に含まれるプソイドエフェドリンからメタンフェタミンを抽出します。台所のレンジと鍋でできるのですが，引火して爆発する危険性も高いのです。映画では，リーの父親のジェサップがその作業にたけていること，しかし今回は引火して火事を起こしたのではないかという疑いが出て，リーが焼け跡を見に行くシーンが出てきます。オザーク地域の住民の間でこんなことが今も続いているのは，アパラチアやオザークが依然として貧しいからです。

4. 豊かな社会のなかでの「貧困の再発見」

　1950年代のアメリカでは，多くの人々は貧困とは自分たちに関係のない問題であると考えるようになりました。ほとんどの人が，テレビや自動車を持っているではないですか。その考えに最も影響を与えたのは，経済学者ジョン・ケネス・ガルブレイスによる著書『ゆたかな社会』であり，1950年代末におけるベストセラーとなりました。同書において彼は，アメリカの文明は欠乏と貧困という古来の問題を基本的には解決した，貧困は大多数の人々の問題から，少数者の問題になり下がった，貧困は一般的ではなくて特殊な場合になった，と述べています。彼によると貧困は2つに分類され，「第一は，個人的貧困とでも呼ばれるもの。この種の貧困は，都市であろうと田舎であろうと，またその時期が好景気であろうと無関係である。個人的貧困は，精神薄弱，不健康，産業生活の規律に適応できないこと，多産を抑えられぬこと，アルコール，非常にかぎられた少数者グループに関する差別，社会環境の欠陥とは無関係の教育上

のハンディキャップ，あるいはまたこれらの欠陥のいくつかを同時に持っていることと関わりがある。

　第二は島の貧困 (insular poverty) とでも呼ばれるもので，これは貧困の「島」として現れる。そういう島では，すべての人，あるいはほとんどすべての人が貧しい。この場合には，その事情を個人的な欠陥から説明しにくいことは明らかである。何らかの理由で，その島の人々は，その環境に共通する何らかの事情の犠牲になっているのである。現代の貧困の大半は島の性格を帯び，その島は田舎および都会の貧民窟，主として南部，アパラチア山脈南部である」（ガルブレイス『ゆたかな社会』）。つまり，オザーク地域とは，このような「島の貧困」として取り残された地域であり，現在でも「貧困の文化」を継承し，貧困の世代的な再生産が行われている地域なのです。

　ガルブレイスの本書が契機となり，また後にミカエル・ハリントンの『もうひとつのアメリカ―合衆国における貧困』に代表されるような貧困問題を取り上げる本が書かれるようになり，アメリカでは貧困が社会問題として取り上げられるようになりました。もちろん当時のアメリカには，ガルブレイスが分類したような2種の貧困者が少数だけ存在したわけではなく，統計データによると人口の20－25％が貧困であったと言われています。政府も1962年には，20％の人々が貧困だったと認めています。これが「貧困の再発見」です。つまり，豊かな社会のなかで「見えなく」なっていただけで，豊かな人々が足を踏み入れなくなった地方や都市のゲットーに住む人々―児童，老齢者，不熟練労働者，黒人・スペイン系・アメリカインディアン等の非白人，失業者，そしてアパラチアのような特殊な「シマ」に住む大勢の貧困者がいたのです。

「貧困の再発見」により，1964年にはジョンソン大統領によって貧困撲滅への取り組みである「貧困戦争」が宣言されました。当時は公民権運動の盛り上がりもあり，社会問題に関心が高くなったという時代の変化もありました。具体的には社会福祉政策の強化，各種アファーマティブ・アクション・プログラムが実施されたのです。その結果，60年代半ば以降，貧困の人口比は減少しました。この限りにおいて「貧困戦争」は，ある程度功を奏したといえるでしょう。少なくとも，当時の貧困問題の焦点であった，貧困黒人男性を減少させたからです。少し話をはしょって先へ進むと，このような10数年間にわたる回復の後，80年代に入ると再び貧困率は上昇するのですが，その構成人員とは，従来の貧困男性にとってかわって，貧困女性が中心となるのです。1990年代の女性世帯の貧困率は35％，貧困家族に占める女性世帯の割合は50％を超えました。これが「貧困の女性化」といわれる現代アメリカの貧困問題の特徴となるのですが，これは今回の映画とは別の話なので，ここではこれ以上は触れずにおくことにします。

5. 映画の結末とその行方

　ミルトン一族の女たちの手助けにより，父親の死の「証拠」を手に入れたリーは，家を追い出されるという差し迫った危機を逃れることができました。しかし映画は，ミステリー劇としては未完のまま幕を閉じます。ラストシーンでリーのもとにやってきたティアドロップは，「父親を殺したやつを知っている」とつぶやくが，それが誰かは名指しはしません。そもそも彼女が命がけの冒険によって得た報酬は，これまで通りの過酷な日常と目先をしのげる生活資金に

過ぎないのです。ハッピーエンドといえるほどの大きな変化は生じません。それでも物語の冒頭に立ち戻ったドリー家の家族たちは，ひとまず今夜からは安心して眠りにつくことができる日常を手に入れました。クローゼットの奥にしまわれていた，ヒルビリーの象徴である父親のバンジョーは，叔父のティアドロップを経由して，弟のアシュリー・ドリーの手に託されます。貧しく困難な生活が続くことには変わりはないけれど，脈々と続くヒルビリーの魂のたくましさは，リーの行方にいくらかの希望を投げかけてくれるのです。

　ところで，このリーの魂とは，2010年に公開されたコーエン兄弟監督の西部劇の傑作といわれる『トゥルー・グリッド』で，父の仇を討とうと旅をする14歳の少女マティのキャラクターを彷彿させるという意見があります(町山智浩，映画パンフレットから)。それもそのはず，『トゥルー・グリッド』の原作者チャールズ・ポーティスは，オザーク地方で新聞記者として地元のお婆さんたちから聞き取った昔話からマティのキャラクターを創造したのです。だからマティもリーも同じルーツ，ヒルビリーのトゥルー・グリッド(真の勇気)を引き継ぐ者なのです。

(アメリカンビスタ，2010年)

〈**参考文献**〉

ダニエル・ウッドレル著，黒原敏行訳『ウィンターズ・ボーン』
　　ACBooks，2011年
映画パンフレット『ウィンターズ・ボーン』東宝，2011年
J.K. ガルブレイス著，鈴木哲太郎訳『ゆたかな社会』岩波書店，1985年
ウオルター・トラットナー著，古川孝順訳『アメリカ社会福祉の歴史』
　　川島書店，1978年

書 評

J. D. ヴァンス著・関根光宏・山田文訳

『ヒルビリー・エレジー：アメリカの繁栄から取り残された白人たち』

1. 誰がトランプ大統領を支持したのか

2016年11月の大統領選挙で，ほとんど泡沫候補者とみられていた共和党のドナルド・トランプが勝利を得たとき，多くの人（日本人もアメリカ人も）が驚愕したことは記憶に新しい。経験も実績もない政治の素人が，突然二大政党のひとつである共和党の大統領候補者となり，党のリーダーたちを片っ端から非難し，ポリティファクト（政治に関する発言の信憑性を調査するウエブサイト）からは発言のほとんどが「偽り」と評価され，納税申告書の開示も拒んだにもかかわらずに，大統領選挙に勝利したからである。大統領選の直後から，その背景と理由がおおいに取りざたされたものだった。

本書の原書は2016年6月に出版されたものなので，直接大統領選挙の結果について書かれてはいないが，トランプを支持した人々の真実を描いた本として注目され，発売以来，『ニューヨーク・タイムズ』のベストセラーリストに連続で入り注目された。トランプを支持した人々とは，アメリカの東部を南北につらぬくアパラチア山脈，その南側の地域の山中に住み着いた「スコッチ・アイリッシュ」で，「ヒルビリー」と呼ばれる人々であった。本書のタイトルになっている「ヒルビリー」とは田舎者の蔑称であり総称でもあるのだが，ここでは特にアイルランドから移住して，おもにアパラ

チア山脈周辺のケンタッキー州やウエストバージニア州に住み着いた人々のことを指す。

　中西部のラストベルト（錆びついた工業地帯）で，脱工業化に置き去りにされた白人労働者たち（つまり白人の被差別層）が抱える怒りの巨大さについては，大統領選挙以前にはメディアも世論調査機関も感知してはいなかった。民主党が圧倒的に勝利したカリフォルニア州やニューヨーク州とは異なる問題を抱えるこれらの州—例えばオハイオ州等が，大統領選挙の結果を左右したのである。アメリカが全部，ニューヨーク州やカリフォルニア州と同様なのではない。人工妊娠中絶や性的少数者の権利擁護，人種差別運動など，主として民主党のリベラル派が重視する争点はどれも大切な問題ではあるけれども，選挙における争点は，労働者の雇用と賃金という，経済的問題だったのだ。

　米政治情報サイト「リアル・クリア・プリティクス」によると，政権発足からちょうど300日目だった2017年11月15日時点でのトランプの支持率は38.3％。56.5％に上る不支持率の高さも際立っている。トランプ大統領がこれほど不人気な理由は次の4点に集約できるだろう。第一は，大統領としての品格に欠ける言動。ツイッターで日常的にメッセージを発するだけでなく，個人や組織を口汚い言葉で攻撃する大統領は今までいなかった。第二は，排他的な移民・人種政策だ。移民大国の米国では，「寛容さ」や「多様性」を広めることが「政治的に正しい」とされるが，トランプ大統領はこうした理念に真っ向から対立して，イスラム圏諸国の人々の入国を禁止する大統領令を出すなどして大きな反発を招いている。第三は，民主主義や統治のルールへの挑戦だ。都合の悪いメディアの報道を「フェ

イクニュース」と攻撃し，判事をも批判する。第四は，国際協調よりも米国の国益追求を優先する「米国第一」の外交・通商政策である。グローバル化や国際協調が世界と米国自身の平和と繁栄に貢献すると信じられているなかで，トランプ大統領は環太平洋経済連携協定や地球温暖化防止のための「パリ協定」からの離脱を表明した。

これほどの混乱と反発をもたらしているにもかかわらず，2016年の大統領選挙でトランプに投票した人々は，政権を見放してはいない。各種世論調査によると，その8〜9割が依然としてトランプを支持し，支持の度合いも「強く支持する」層が5割以上である。「トランプ離れ」はなぜおこらないのか。2016年12月と2017年7月に有権者5千〜8千人の政治意識を調べた「民主主義基金有権者調査グループ」によると，トランプ支持者の政治意識として共通しているのは，反移民，反グローバル化，反クリントンの3点だった。これに加え，5割程度を占めるコアな支持層の大半は，人種やキリスト教的な価値観，生活様式を米国のアイデンティティとして重視している。

こうしてみると，冒頭であげたトランプ大統領の不人気理由は，トランプ支持者をつなぎ止めている仕掛けと表裏一体であることがわかる。大統領としての品格に欠ける言動は，トランプ支持者の共感を生み，エスタブリッシュと戦う姿勢をアピールする。排他的な移民・人種政策は，彼らの不安に応える政策でもある。民主主義や統治のルールへの挑戦も，無知で危険な行為ではなく，正当な抗議に見えるのだろう。米国第一の外交・通商政策は，経済的な不満を抱くラストベルトなどの白人労働者に希望を持たせるストーリーでもある。本書は，このような「繁栄に取り残された白人労働者の不

満と怒り」，そして「政治家への不信感」を味方につけたトランプ支持者の実態と，アメリカ分断の真相を明らかにしてくれる。

2. 本書の内容

　本書は，無名の31歳の弁護士が書いた，私的な家族の回想録である。社会的な分析を行ったり，政治的な思想について書いた本ではない。ただしこの回想録の特徴を示せば，著者がラストベルトと呼ばれるオハイオ州の貧しい白人労働者の家に生まれ育ったということ。「スコッチ・アイリッシュ」の家系に属していて，大学を卒業せずに労働者階級の一員として働くアメリカ白人たちにとって，貧困は代々伝わる伝統である。先祖は南部の奴隷経済時代に日雇い労働者として働き，その後はシェアクロッパー（物納小作人）として，続いて炭鉱労働者になった人々である。近年では，機械工や工場労働者として生計を立てている。アメリカ社会では，彼らは「ヒルビリー（田舎者）」「レッドネック（首筋が赤く日焼けした白人労働者）」「ホワイト・トラッシュ（白いゴミ）」と呼ばれている。著者は自分の家族も含めた，貧しい白人労働者階級の独特の文化や，10代の妊娠，薬物への依存，教育を受ける機会がないこと，といった悲惨な，しかし一般的でもある生活の実態を描いている。

　著者ヴァンスの故郷であるオハイオ州のミドルタウンは，AKスチールという鉄鋼メーカーの本拠地として知られる地方都市である。かつて有力鉄鋼メーカーだったアームコ社の苦難を，川崎製鉄（当時）が資本提携という形で救ったのがAKスチールだが，グローバル時代のアメリカでは，ほかの製造業と同様に急速に衰退していった。失業，貧困，離婚，家庭内暴力，ドラッグが蔓延するヴァンスの故

郷の高校は州で最低の教育レベルで，しかも2割は卒業できない。大学に進学するのは少数で，トップの成績でもほかの州の大学に行くという発想などはない。大きな夢の限界はオハイオ州立大学だ。

　ヴァンスは，そのミドルタウンのなかでも貧しく厳しい家庭環境で育った。両親は物心ついたときから離婚しており，看護師の母親は新しい恋人を作っては別れ，そのたびに鬱やドラッグ依存症を繰り返す。そして，ドラッグの抜き打ち尿検査で困ると，当然の権利のように息子に尿を要求する。それで拒否されたら，泣き落としや罪悪感に訴えかける。母親代わりの祖母がヴァンスの唯一のよりどころだったが，十代で妊娠してケンタッキーから駆け落ちしてきた彼女も，貧困，家庭内暴力，アルコール依存症といった環境しか知らない。ただ著者は，そのような環境のなかにありながら，祖父母の庇護を受けて，また本人の努力によって，海兵隊を経てオハイオ州立大学へ進学し，その後イエール大学ロースクールへと進み，アメリカのエリート層の仲間入りをした人物である。こんな環境で高校をドロップアウトしかけていたヴァンスが，全米のトップ1％の裕福な層にたどり着いたのだ。小説ではないかと思うほど波乱に満ちた彼の家族のストーリーが描かれている。

　上記のような奇跡的な人生にも興味があるが，本書がベストセラーになった理由はそこではない。ヴァンスが「ヒルビリー」と呼ぶ故郷の人々は，トランプ大統領のもっとも強い支持基盤と重なるからだ。多くの知識人が誤解してきた「アメリカの繁栄から取り残された労働者階級の白人」を，これほど鮮やかに説明する本は他にはないと言ってもよいだろう。

　本書で著者は以下のように書いている。

本書で焦点を当てているのは，私がよく知っている人たち，即ちアパラチアに縁のある白人労働者階級の人々である。私は白人には違いないが，自分がアメリカ北東部のいわゆる「WASP（ホワイト，アングルサクソン，プロテスタント）」に属する人間だと思ったことはない。アメリカ人は彼らのことを，ヒルビリー，レッドネック，ホワイトトラッシュと呼ぶ。でも，私にとって，彼らは隣人であり，友だちであり，家族である。

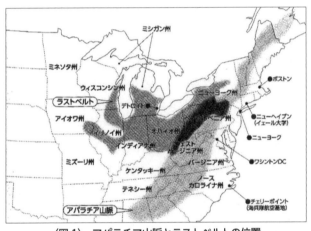

〈図1〉　アパラチア山脈とラストベルトの位置
出所：同書より

3. ヒルビリーといわれる人たち

　ヒルビリーの語源はヒル（山）に住むビリー（スコットランド人）であり，ヒルビリーの多くがスコッチ・アイリッシュ，つまり英国の植民地になった北アイルランドに入植したスコットランド人である。スコッチ・アイリッシュは，アメリカ社会における特徴的な民族集

団の一つであるが，ほかのほとんどの民族集団が，その伝統を完全に放棄してしまったのに対して，昔のままの姿を保っている，とよく言われる。民族意識としては，文化的伝統をこのうえなく大切にし，家族や地域に対して深い愛情を捧げる，という好ましい側面がある一方で，多くの好ましくない面もある。

　民族意識がヒルビリーのコインの一面だとすると，もう片面は地理的環境である。18世紀に移民として新世界にやってきたスコッチ・アイリッシュは，アパラチア山脈の地域に移住した。アパラチアは，南はアラバマ州やジョージア州から，北はオハイオ州やニューヨーク州の一部にかけての広大な地域だが，グレーター・アパラチアの文化は驚くほど渾然一体としている。そして，白人労働者階級の将来がどこよりも見えにくいのもまたグレーター・アパラチアなのである。社会階層間を移動する人が少ないことに加え，はびこる貧困や離婚や薬物依存など，著者の故郷はまさに苦難のただなかにある。従ってヒルビリーと言われる人たちが悲観的になるのも当然といえる。彼らはかつてないほど社会的に孤立していて，多くは労働力という面から見ると落伍者であり，よりよい機会を求めて新天地を切り拓くのをあきらめてしまっている。そしてその状態を次の世代に引き継ごうとしている。ヒルビリーの男たちは「男らしさの危機」に直面し，その男らしさを重視する文化こそが，変わりゆく社会でのヒルビリーの成功を妨げているのである。このような社会的問題を持つヒルビリーの伝統，文化，社会の考え方を，本書は自分の家族史を通じて明らかにする。

　ここで一つ，ヒルビリーに関する映画を紹介しておこう。2010年に公開された『ウィンターズ・ボーン』という映画である。その映

画評は本書に掲載しているので，それを読んでもらうこととしてここではそれ以上触れずにおくことにするが，アメリカのほぼ中央に位置するミズリー州のオザーク山脈の山村地域を舞台にした，ヒルビリーの生活を描写した映画である。

4. 白人労働者の貧困問題とトランプ大統領の今後

　「アメリカの繁栄から取り残された白人労働者」というと，評者にも思いあたる人々がいる。評者は今まで，アメリカ中西部で数回の社会福祉に関する調査を行ったが（例として，ここではシングルマザーに関する調査をあげておくことにする），その際に経験したことである。調査は，主としてデトロイト及びその近郊において行われ，調査の性格上，公的援助を受給している人，または受給していないけれどもそれに近い階層の人々を対象とする調査であった。ここで調査結果の詳細を記述する紙幅はないので，結論だけを述べるにとどめるが，対象者であるシングルマザー（公的扶助受給者とその周辺の人々）の大部分は黒人であるけれども，また特にデトロイト周辺のような黒人が多い地域で行った調査にもかかわらず，毎回，対象者の2〜3割は白人となることが常であった。それらの白人には，長年公的援助を受給している人（無職の人）だけではなく，工場労働者，ウエイトレス，事務職，受付等の仕事をしている人も含まれていた。デトロイトはラストベルト地域の範疇ではあるが，果たしてこの白人対象者たちが，ヒルビリーに関わりのある人たちだったかどうかは不明であるが（本書のなかでも，職を求めるためにヒルビリーたちによる，アパラチアから中西部産業地帯への2度にわたる移住の波についての研究者による報告が書かれている），今から思えば関連する現象であったと

考えられるのである。

　本書の著者も社会福祉受給者について，以下のように記述している。

　　多くのニュース解説者や評論家にとっては，「ウエルフェア・ク
　イーン（社会福祉の受給者である女性のこと）」という用語は「公的
　扶助を受けながらも，怠惰な生活をする黒人女性（母親）」という
　偏ったイメージを呼び起こす。私も実際に多くの「ウエルフェア・
　クイーン」を知っている。隣人にも何人かいるが，全員白人だ。

　白人労働者の貧困問題は，明らかに存在しているアメリカの社会
問題のひとつなのである。そしてトランプ大統領以前には，明らか
にされていなかった「隠された問題」でもあったのだ。トランプ大
統領の支持者がヒルビリーであろうとなかろうと，白人労働者の貧
困問題は解決すべき緊急なアメリカの課題なのである。

　ニューヨーク生まれの富豪で，貧困や労働者階級との接点がほと
んどないトランプが，なぜ大統領選挙でこれらヒルビリー（と同じよ
うな問題を抱えた白人労働者たち）の心をつかんだのだろうか。長年に
わたる実業界における経験や，テレビ出演により大衆心理データを
蓄積したこと，それらにより繁栄に取り残された白人労働者の不満
と怒りをかぎつけたのだろうという人もいる。いずれにしても本書
は，実際にトランプを支持し大統領に押し上げた人々の背景を，そ
して彼らに支持され続けているトランプ大統領の政策（？）の行方
を，かなりの程度推測させてくれるのではないだろうか。

　蛇足として，最後に一言，大統領選挙についての評者の感想（疑問）
を付け加えておこう。ヒルビリーに代表される人々の支持を得てト

ランプが大統領に当選したとしても，もしヒラリー・クリントンが男性であったならば，結果はともかく選挙戦はより激戦となっていたかもしれない，ということである。前述したようにトランプ支持者となった多くの人々の文化のなかには，女性大統領が出現するという選択肢は全くなかったからである。ヒラリー・クリントンが女性であったことが敗因の一因かどうかは現状では議論すらされていないが，本書を読んだ読者は，評者のこの疑念を一蹴するのだろうか。

（光文社，2017 年）

〈**参考文献**〉

小川聡「現地報告　トランプ支持基盤は揺るがない」『文藝春秋』2018 年 1 月号

書評：立野純二「ヒルビリー・エレジー」『朝日新聞』(2017 年 5 月 28 日)

映画：『ウインターズ・ボーン』アメリカンビスタ，2010 年

杉本貴代栄編著『シングルマザーの暮らしと福祉政策：日本・アメリカ・デンマーク・韓国の比較調査』ミネルヴァ書房，2009 年

書　評

エリザベス・ウォーレン著・大橋陽訳

『この戦いはわたしたちの戦いだ：アメリカの中間層を救う闘争』

1.　はじめに

　評者は，しばらく以前に，J.D. ヴァンス著，関根光宏・山田文訳『ヒルビリー・エレジー：アメリカの繁栄から取り残された白人たち』（光文社，2017年）を書評で取り上げた。その書評で私は，トランプを支持した人々とは，アメリカの東部を南北につらぬくアパラチア山脈，その南側の地域の山中に住み着いた「スコッチ・アイリッシュ」で，「ヒルビリー」と呼ばれる人々であったこと，中西部のラストベルト（錆びついた工業地帯）で，脱工業化に置き去りにされた白人労働者たちであること，大統領選挙を左右した政治的争点とは，人工妊娠中絶や性的少数者の権利擁護，人種差別撤廃運動などという民主党のリベラル派が重視した争点ではなくて，労働者の雇用と賃金という，経済的問題だったと述べたが，今回の書評はその「続編」とも言えるものである。なぜならヴァンスの本の原書は2016年6月に出版されたものなので，トランプ大統領の実現（2016年11月）や，その出現の理由や経過については触れていない。しかし本書（原書は2017年に出版）は，トランプ大統領が出現した経過と「その後」のアメリカについて書かれている。また，ヴァンスの書はアメリカの繁栄から取り残された白人たちの実像を生活者の視点から描いたものであるが，本書は政治家であり政策研究者である著者の目を通して，いわば政

策側からアメリカの中間層の崩壊について書かれている。評者の興味を引くには十分な設定である。早速，今回の書評に取り上げた次第である。

　著者のエリザベス・ウォーレンは，元ハーバード大学ロースクール教授であり，現職のマサチューセッツ州選出の上院議員であり，長きにわたって労働者階級と中間層を擁護してきた進歩派政治家のひとりである。2016年の大統領選挙時には，民主党の候補者として名前があがったこともあり，また2020年の大統領選挙時には，民主党の候補者として名乗りを上げている（バイデン元副大統領が民主党の候補者にほぼ決まった時点で，立候補を取り下げたが）。私生活では2人の子どもの母，3人の孫の祖母でもある。

2.　トランプ大統領の出現

　本書のはじめの部分，プロローグは，2016年11月8日，大統領選挙の選挙結果を唖然として見ていた著者の驚きと嘆きからはじまる。夫と一緒にソファに座り，ポップコーンを食べ，ビールを飲みながらテレビを見ていたのだが，結果は望んだこととは違っていく。つまずきの最初の兆候は，いくつかの上院議員選挙で，あまりにも早く共和党候補が当選確実となったことだった。インディアナ州。フロリダ州。勝つと思っていた候補者が，突如苦戦し始めた。それに続いてヒラリー・クリントンも窮地に立たされた。まるでスローモーションで大惨事を見ているようだった。1台の自動車がトラックに衝突し，別の車がそこに突っ込み，火が出て爆発が起こり，車体があちこちに吹き飛ばされる。テレビは祝ったり悲嘆に暮れたりしている候補者と支持者の黒だかりを映していたが，著者の心に去来した

のは，数千万人のアメリカ人の生活が一層厳しいものになるということだった。

　政治の世界に足を踏み入れる前，著者は教師で研究者だった。数年かけ，アメリカの中間層に何が起こっているのか，働く人々，働きたいけれども働き口がない人々に何が起こっているのかを追跡していた。それは素晴らしく，そして恐ろしい物語だった。アメリカの人々は大恐慌から抜け出て，自らのハードワークと政府のツールを使って，数百万もの人々に多くの機会を切り開き，自分たちの手で最高の中間層を築いた。しかし今，新しい世紀の異なる時代に，最高の中間層は打ちのめされている。今日この国は，トップにいる人々にとっては素晴らしく機能しているが，それ以外の人に対してはもはやうまく機能していない。これは最も危険な腐敗だ。この腐敗はアメリカの中間層を空洞化させ，民主主義を解体している。2016年，この不安のさなかに，大いなる約束をしたエンターテイナーが登場したのだ。ヘドロを掻き出すと誓った男は今，ヘドロをつくり政府の有利な計らいを手にしたロビイストと億万長者に囲まれている。アメリカを再び偉大にすると約束し，移民，マイノリティ，女性への攻撃を徹底した男。選挙の夜に著者は，この男が次期アメリカ大統領になるのだと，身につまされる思いでテレビをじっと見つめていた。

　開票速報は続き，夫とソファーに座りながら，ドナルド・トランプが政権について語ることを見ていた著者は，私たちの国がこれほどまでに根本的に誤ってしまった経緯と理由を理解することが必要なのだと主張する。私たちには元の軌道に戻る計画が必要で，早速計画に取りかかり実現させなくてはならない。一握りの人のためでな

く，すべての人のための機会に投資する国家，という我が国の価値観を再生しなくてはならない。ホワイトハウス入りするトランプは，既に窮地に追い込まれている中間層を圧迫し，ノックアウト・パンチを放つ力を持っている。もし戦うべき時があるのなら，今がその時だ。

以上のような理由によりウォーレンは，「私たちの戦い」を開始することを宣言する。その理由と目的についてさらに詳細に記述したものが本書である。以下，そのなかから彼女の主張を紹介することにしよう。

3. アメリカの中間層の創出と崩壊

大恐慌から抜け出たアメリカは経済大国に変貌し，史上最高の中間層を作り上げたのだが，その中間層が崩壊しつつあることを，ウォーレンは自分の人生を引き合いに出して説明する。1949年生まれのウォーレンは10代の頃，父親が心臓発作で長期間入院したため，ステーションワゴンを失い，家から放り出される寸前に陥った。それでも家族がばらばらにならずにすんだのは，母親がシアーズのカタログ販売の仕事を得られたからだった。最低賃金だったがフルタイムで働くことによって，一家は貧困状態に陥らずにすみ，自宅を失うこともなかった。家計に余裕はなかったが，全額支給奨学金でウォーレンは大学へ進学することができた。さらに結婚，出産を経て，子育てをしながら公立のロースクールで学び，弁護士を開業し，大学で教鞭を執るまでになった。いくつかの大学を経てハーバード大学の教授を務め，2013年に上院議員になった。アメリカが教育，インフラ，研究に投資してきたからこそ実現したことだ。ウォーレ

ンが育った時代には誰にでも機会があり，失敗してもやり直すチャンスがあった。しかし現在チャンスはほとんど消えてしまった。ウォーレンの母親がシアーズで働いていた1960年代には，最低賃金の仕事で3人家族がなんとか暮らすことができた。母は高卒で職歴もなかったが，シアーズが電話応対をする者を必要としたとき，法律の定めにより，会社はウォーレンの家族3人が自立するのに必要な時給を支払ったからだ。1965年に3人家族を養い住宅ローンを払うことができたとすれば，今でも最低賃金によって家族は，例えば住宅や自動車を買うことができて，おそらく痩せた娘の大学出願のためのわずかなお金くらいは持っているはずだ。果たしてそうだろうか。違う，完全に間違いだ。今日の母親はフルタイムで働いても，最低賃金であれば，アメリカのどこへ行っても2つの寝室のある平均的なアパートの家賃を払えない。インフレを調整すれば，今の最低賃金は1965年より24％も低いのだ。今日，家族の転落を食い止めようとする母親は，ウォーレンの母親と同じ枝をつかむことができない。またその子どもたちは一生懸命学ぼうとしても，州立大学の学費は高騰し，また営利大学の授業料はさらに高額で，学生ローンの返済に目処が立たない。その結果，金持ちと権力者が勢力を伸ばし，他の人々は後ろに追いやられていく。こうした政策が数十年積み重ねられた結果，アメリカの中間層は空洞化し，アメリカは国家として弱体化した。

　ゲームは仕組まれている，と著者は主張する。ゲームは，金持ちをもっと金持ちに，権力者をもっと強力にするように，意図的に，永続的に，攻撃的に仕組まれてきた。政策がどう推進されようと，その政策決定がどういうものか，それが誰を助けようとしているの

かが重要なのだ。

4. 戦うための「基本原則」とは

　政治家であるが政策研究者でもあるウォーレンは，大恐慌からアメリカを立ち直らせたローズベルト大統領の政策を高く評価する。ローズベルト大統領は以前にはなかった方法で，大手銀行と大企業を抑制した。政府は市場を誠実に維持する上で積極的に行動し，経済安定と経済成長を築き上げたのだ。しかし1981年に大統領となったロナルド・レーガンは，金持ち減税のトリクルダウン・エコノミーと規制緩和に着手した。このレーガノミックスは，ニューディール政策体系からの大転換を図ったものだ。規制すべきは企業国家アメリカではなく，肥大化した政府だというわけだ。中間層が守られなくなったため，レーガン政権以降，所得格差が拡大し，民主党の大テーマは中間層再生となった。

　多くの研究で，所得格差の大きな原因は技術革新だとされている。また，グローバリゼーションも産業空洞化，雇用喪失のわかりやすい原因だ。こうした「市場」の力の結束に対し，「市場と国家（政府）の相補性」を打ち出したビル・クリントン以降の民主党政権は，衰退産業から成長産業への労働者の移動を促進するため，一時的なセイフティーネットを整備し，教育・職業訓練へ支出するという対策を取ってきた。だが，格差拡大は止まらなかった。

　それに対しウォーレンは，上述したように，すべての人のために機能する政府を提唱する。それによって，例えば最低賃金引き上げや労働組合の復活を実現するのだ。最低賃金引き上げや労働組合の復活には「政府」の役割が不可欠だ。「市場」のルールを形成するの

は「政府」だからだ。だが，その政府は一握りの金持ちと権力者に牛耳られ，中間層は攻撃を受けており，ゲームは仕組まれている。お金によって「政府」が支配され，企業，議会，政府の回転ドア，ロビイスト，雇われ専門家，政治献金によって競争条件は歪められている。

これに密接に関わっているのが「偏見」だという。2016年大統領選でドナルド・トランプは「アメリカを再び偉大にする」と宣言し，「忘れられた人々」の心に訴えかけた。「忘れられた人々」とは，白人労働者階級のことである。トランプが人種差別や女性差別など偏見をあおることで，金持ちと権力者がますます有利になることから国民の目がそらされてしまうと著者は強く警告する。著者は史上最高の中間層を作り上げたニューディールの政策体系を現代に生かしていくことを提唱している。

トランプ大統領の政策は，レーガン大統領の政策の焼き直しであり，その強大化であると批判する。トランプ大統領は，すべてのアメリカ人に対して競争条件を平等にするために政府というツールを用いるのではなく，人々が自由に采配を振るえるように政府を放任するのである。今，私たちに必要なのは，私たちが大惨事にまっすぐ向かっていることを認識している人たち，政府というツールを取り戻し，国民の利益を銀行の利益よりも優先し，破滅的状況のリスクを減らすためにできることを何でもすることだ。ローズベルトが示したように，市場が金持ちと権力者だけに奉仕することが許されてはならない。市場は私たちすべてに役立たなくてはならないのだ。

この戦いをリードするために，私たちの価値観を明確にしなければならない。著者の考えでは，戦いの基本原則は次の3つだという。

① 偏見と戦うこと

私たちの戦いの第1の原則は，いつでも，どこでも，何であれ，偏見と戦うことであり，これは妥協できない原則である。多様性が私たちをより強くするのであり，この原則のために戦う価値があることに疑問の余地はない。

② 機会を創出すること

第2の基本原則は，トップ10％のためでなく，すべての人々のために経済を機能させると明確に宣言することである。

③ 民主主義を求めること

私たちは個人レベルで立ち上がり，反撃する。本書の読者にも同じことを言いたい。個人的に何かをはじめることが重要である。あなたに対しても他人に対しても憎悪を伴わないような，あなた自身の果敢な抵抗を選ばなければならない。

5. マイケル・ムーア『華氏119』の主張

トランプがまさかの大統領になって以降，トランプ批判も様々メディアに出現している。ここではそのなかでも最も新しく，かつウォーレンの主張と共通するところが多いものを紹介しておこう。2018年11月に公開された（日本でも，同時期に全国で公開された），マイケル・ムーア監督による映画，『華氏119』である。ブッシュ政権を批判した『華氏911』（2004年）や，コロンバイン高校銃乱射事件を取り上げた『ボウリング・フォー・コロンバイン』（2002年）の映画で知られるムーアは，実は2016年7月に「大統領選挙にトランプが勝利する5つの理由」というエッセイを書き，この驚愕の事態を予測していた。止められなかった未来を迎えてしまった今，2018年11

月の中間選挙に一撃を与え，次の再選を阻止するためにこの映画を製作したという。映画のタイトル『華氏119』とは，大ヒットした『華氏911』と，トランプが大統領の勝利宣言をした11月9日からつけられた。

　映画は，トランプが大統領に立候補した端緒となったエピソードから始まる。NBC放送のギャラが，自分よりも女性歌手のグエン・ルネイ・ステファニーの方が高いことを知ったトランプが，偽物の大統領選出馬会見を開いて自分の人気を見せつけようとしたことが始まりだった。大群衆の歓声に気をよくしたトランプが，実際に出馬を決意したことが紹介される。当初は，本人だって本気ではなかったのだ。ましてや各種の予想は，クリントン候補が圧倒的に有利だった。2016年11月8日大統領選挙の朝，ニューヨーク・タイムズが出した勝率は民主党のヒラリー・クリントンが85％，共和党のドナルド・トランプが15％。トランプが大統領に当選するとは，当のトランプ自身も予測していない事態だった。どうしてこんなことになってしまったのか。トランプ勝利を予言していた数少ない一人であるマイケル・ムーアが，映画のなかでその経過を考察していく。

　ムーアが投票日前からヒラリー敗北の要因になると訴えていたのは，五大湖周辺のペンシルヴァニア，オハイオ，ミシガン，ウイスコンシンの4州での選挙活動の少なさである。この地域は鉄鋼，金属，自動車産業の中心で，1930年代からアメリカの発展を支えてきた。この4州には人口が集中しているので，国勢調査で人口に合わせて各州に振り分けられる「選挙人」数も多かった。大統領選では各州で過半数を獲得した候補がその州の「選挙人」を総取りできるシステムなので，この4州の支持を集めることが結果につながるのだ。

トランプはこの4州で精力的に演説した，「あなたがた忘れられた人々を救う」と。大統領選でトランプに6300万人，ヒラリーに6600万人が投票しながらトランプが勝ったのには，上記のような「選挙人」による選挙のシステム上の問題もあったのだ。

　ミシガン州フリントに生まれ，ラストベルトの申し子でもあるムーアは，トランプの労働者救済は口だけだと主張する。その例としてトランプに支援されたミシガン州知事リック・スナイダーがムーアの故郷フリントにしたことを告発する。トランプと同じく実業家から転身した政治家であるスナイダーは，自動車工場閉鎖で市の財政が逼迫したフリント市の自治権を停止して州の直接統治とし，フリントの水道に安い鉛管を使用したため，飲料水に鉛が混入したのだ。ムーアはまた，フリントと同様な白人労働者の土地，ウエストバージニアを訪れる。産業の中心となる炭鉱は廃れ，失業者であふれている土地である。ここで活動している同州議会上院議員のリチャード・オジェンダの活動を紹介する。彼は民主党員だがトランプに期待して投票したのだ。だがトランプは何もしなかった。彼は2018年の中間選挙で連邦下院に出馬し，トランプと戦う。ムーアはオジェンダのような民主党の改革者たちに希望を見いだしているのだ。同様な理由で，ニューヨーク州の下院議員に立候補したアレクサンドリア・オカシオ＝コルテスにも注目する。彼女はプエルトリコ系の女性で28歳である。さらにムーアは，教員組合のストライキや，銃乱射事件で17人の被害者を出したパークランドの高校の生徒たちの銃所持の規制強化を求める運動を紹介する。このように映画のなかで描かれるムーアの足跡は多岐にわたり，いささか支離滅裂のようではあるが，2018年の中間選挙あるいは2020年の大統領選挙を視

野に入れていることは明白である。銃規制の行進に参加した高校生たちは、それまでには成人して投票に行けるようになるのだ。彼らがトランプ再選を阻止するのだろうか。

6. 戦い続けるために

2018年11月の中間選挙で、共和党は上院で過半数を維持したが、下院では野党・民主党に大敗した。上院では共和党、下院では民主党が過半数を握る「ねじれ議会」となったのだ。2020年の大統領選挙で再選を目指すトランプ大統領にとって、中間選挙の敗北がもたらした「ねじれ議会」をどう乗り越えるのかが注目されている。

トランプ陣営への批判として、期せずしてウォーレンもムーアも「ファシズム」に言及していることを指摘しておきたい。ムーアの『華氏119』は、彼の他の作品同様にさまざまな物議をもたらしたが、最も物議を醸したのは、トランプの現在の姿をアドルフ・ヒトラーに重ねて描いたシーンである。トランプをめぐる驚愕の真実を暴いていくうちにムーアは、トランプの言動が狂気に突き進む直前のヒトラーに重なることに気づき、歴史の研究家でエール大学教授のティモシー・スナイダーを登場させる。彼はナチスとトランプ政権との類似性を指摘する。ムーアはトランプ政権の移民取り締まりのニュースをナチスによるユダヤ人強制収容の映像にかぶせる。ムーアはインタビューに答えて言う。「21世紀のファシズムは、20世紀とは全く違うものになる。強制収容所や鉤十字ではなく、TV番組や笑顔で支配する。21世紀のファシストは、TVやブランディングを利用して、人々に自身の利益や自由を手放すことを納得させるんだ。対抗するためには、常に現実を直視することを恐れてはいけな

い」。

　一方で，ウォーレンの本書の終章は，2017年1月20日，ドナルド・トランプが第45代アメリカ大統領として宣誓をする日の出来事を描いている。宣誓式に出席するためにワシントンDCにいたウォーレンは，早朝に起きて窓の外を見た。ナショナル・モールへ向かう通りは群衆で一杯だった。その群衆の上に巨大な横断幕が広がっていて，両端にいる人がそれを高く掲げるポールを支えていた。横断幕に書かれているのはたったひとつの単語，「ファシスト」だった。喧噪が激しくなり，その横断幕を支えている人のまわりで小競り合いが起こった。ウォーレンは冷たい窓に額を押しつけた。ファシスト。ここアメリカで，大統領の就任に抗議をする人たちが，大統領をファシストだと断じているのだ。人生でこのような日を目撃することになろうとは思いもしなかった。大統領として宣誓しようとしている男は，公然の人種差別を自分の魅力とした。女性のことを侮辱的に話し，障害を持つ記者を笑いものにした。その男はたくさんの国民を立ち止まらせて，ここアメリカでファシズムがまだ生きているのではないかと思わせた。そしてその翌日，準備されていたボストンでのウイメンズ・マーチを実行したウォーレンは，集まった群衆に向かって大統領就任式に目にした光景について語ったのだ。就任式の光景はウォーレンの脳裏に焼き付き，決して忘れることはないだろう。忘れたくはなかった。ドナルド・トランプが好む人たちのためだけでなく，国民すべてのために機能するアメリカを目指し，よりしぶとく戦い，より情熱を持って戦う意味を思い出すために，ウォーレンはその光景を心に刻んだのだ。

（蒼天社出版，2018年）

『この戦いはわたしたちの戦いだ：アメリカの中間層を救う闘争』　139

〈参考文献〉

マイケル・ムーア監督作品『華氏 119 ―〈2016 年 11 月 9 日〉ドナル
　ド・トランプが米大統領選の勝利宣言をした日』ギャガ，2018 年

『ビリーブ：未来への大逆転』最高裁判事，ルース・ベイダー・ギンズバーグがたどった軌跡

1. 2019 年に公開された 2 作

　2019年の春，時期をほぼ同じくして，日本で2つの映画が公開されました。『ビリーブ：未来への大逆転』と『RBG 最強の85才』，どちらもアメリカ最高裁判所の現職判事であるルース・ベイダー・ギンズバーグ（親しみを込めて，RBGと呼ばれている）の人生と経歴に焦点を当てた映画です。『RBG 最強の85才』は，ジュリー・コーエンとベッツィ・ウェスト監督によるドキュメンタリー映画であり，『ビリーブ：未来への大逆転』は，実話をもとに史上初の男女平等裁判に挑んだルース・ギンズバーグの人生を描いた伝記映画です。ドキュメンタリー映画の方は，2018年サンダンス映画祭でプレミア上映された後，2018年5月からアメリカで一般公開されました。ナショナル・ボード・オブ・レビュー賞のドキュメンタリー映画賞を獲得したほか，第91回アカデミー賞長編ドキュメンタリー映画賞にもノミネートされました。日本では，2019年5月に一般公開されました。伝記映画の方は，『博士と彼女のセオリー』でアカデミー賞にノミネートされたフェリシティ・ジョーンズがルースを演じ，彼女を信じ，支え続けた夫のマーティンには『君の名前で僕を呼んで』のアーミー・ハマー。さらに，『ミザリー』のオスカー女優キャシー・ベイツが伝説の弁護士役で出演しています。図らずも2作がほぼ同時に

公開されたため，日本でも時ならぬ RBG ブームが起こり，注目を集めることになりました。ここでは，伝記映画である『ビリーブ：未来への大逆転』を取り上げて，彼女の軌跡─性差別との戦いの軌跡─をたどってみることにしましょう。

2. 映画のストーリー

　時は1970年代のアメリカ。女性が職に就くのが難しく，自分の名前でクレジットカードさえ作れなかった時代に，弁護士ルース・ギンズバーグが勝利した，史上初の男女平等裁判を中心に描いています。なぜ，彼女は法の専門家たちに「100％負ける」と断言された裁判に踏み切り，そして勝利することができたのでしょうか。

　貧しいユダヤ人家庭に生まれたルース・ギンズバーグは，結婚，出産後，1956年に名門ハーバード法科大学院に入学します。当時は，500人の学生のうち女性は9人しかおらず，女子トイレすらありませんでした。女性を無視して「ハーバード・マン」のあり方を，「彼は……（He……）」と語り続ける学長や，手を挙げても女性を無視する教授らの洗礼を受けながら学び続けます。先に卒業して，ニューヨークの法律事務所に就職した夫のマーティンを追ってコロンビア・ロースクールに転籍し，家事も育児も分担する夫のマーティンの協力のもとでルースは首席で卒業しました。しかしルースは，13の法律事務所で就職を断られます。ルースが女性であり，ユダヤ人であり，母親だったからです。やむなくルースは学術の道に進むことにし，ラトガース大学で教職に就き，法律と性差別に関する講義を行うことを選びます。それでも弁護士の夢を捨てられないルースに，税法分野で活躍する夫マーティンは，1970年のある日，ある訴訟の

記録を見せるのです。

　その案件は，チャールズ・モリッツという男性に関するものでした。モリッツは働きながら母親を介護するために，介護士を雇うことにしたのですが，未婚の男性であるという理由で，その分の所得控除が受けられませんでした。その根拠となる法律の条文には「介護に関する所得控除は，女性，妻と死別した男性，離婚した男性，妻が障害を抱えている男性，妻が入院している男性に限られる」とありました。ルースは法律のなかに潜む性差別を是正する機会を窺っていたのですが，モリッツの一件はその第一歩に最適だと思えたのです。「法律における男性の性差別が是正されたという前例ができれば，法律における女性の性差別の是正を目指す際に大きな助けとなるに違いない」。また，高等裁判所の裁判官は男性ばかりだから，「男性の性差別の方が共感しやすいはずだ」と考えたからです。ルースはその訴訟を自ら買って出ることにして，アメリカ自由人権協会に協力を求め，性差別を争う裁判を長く闘ってきた伝説の弁護士ドロシー・ケニオンを尋ねます。それから，ルースはデンバーにいるモリッツの元を訪ねます。モリッツは訴訟を渋ったのですが，ルースの熱意に心を打たれ，地元の行政府を訴えることにしたのです……。

　ちょっと説明を加えると，アメリカの所得保障制度は日本の場合と異なり，年金制度も税制度も，受給要件に男女差はありません。しかし，はじめからそうであったわけではなく，設立初期には映画が描くような男女により受給要件が異なる項目があり，それを修正しつつ現在に至った経過がありました。一方日本では，ご存じのようにさまざまな性差が，社会保障や税制度のなかに存在します。例

えば税法では，寡婦（夫と死別または離婚した女性）については一定の要件を満たせば35万円の特定寡婦控除が認められるけど，寡夫（妻と死別または離婚した男性）については27万円の一般の寡婦・寡夫控除しか受けられません。税法領域以外で見れば，労災の遺族補償給付は，夫が死亡した妻については年齢等の要件なく遺族年金等を受給できるのに，妻が死亡した夫については高齢であるか重度の障害がなければ受給できないなどの制度が厳然と存在しています。この労災（公務災害）の遺族給付の受給要件については，最近，裁判で争われ，2013年に大阪地裁で違憲判決が出て注目されましたが，2審で逆転し，最高裁も合憲判決を出して決着しました。また近年になって議論が集中している専業主婦優遇策である，第3号被保険者問題もあり，日本ではまだまだ社会保障や税制度のなかの女性差別は存在します。

3. 最高裁判事に女性が入る

　モリッツの裁判でルースは「納税にあたって介護費用の控除を受けられるのは女性と既婚男性のみ」と定める法律が妥当でないという判決を勝ち取ります。介護は女性の役割とし，性役割を固定化する法により女性だけでなく男性も苦しめられていることを国に認めさせたのです。

　その後，活躍の場を広げたルースは1993年，クリントン大統領により最高裁判事に指名され，任命されました。女性として史上2人目の判事です。86歳の現在も最高裁判事として活躍しています。しかし最近では身体の不調を訴えることが多く，その去就が注目されています。このように RBG の動向が注目される背景には，アメリ

カの最高裁判所の判事の構成とその変遷の歴史があり，それを知る必要があるでしょう。

　最高裁判所は9人の判事により構成され，任期は終身です。つまり誰か判事が引退を表明したり亡くなったりした場合，時の大統領により次期判事が指名され，上院の承認を得て任命されます。その判事が保守かリベラルかにより，アメリカの法的環境は大きく影響を受けるのです。現在の9人の内訳は，保守が5人，リベラルが4人，つまり共和党の大統領に指名された人が5人で，民主党の大統領に指名された人が4人です。もしギンズバーグ判事が引退したり，職務を続行できないほど体調を崩したりすれば，トランプ大統領が次期判事を任命することになるので，当然保守の判事が任命されます。結果として，最高裁は圧倒的過半数を保守派で固められるに至ります。トランプ大統領の影響はたいしたことはないという人もいるけれど，この任命による影響は大きく，多分トランプが大統領を辞めたあとまで継続すると言われています（トランプ大統領は，すでに2人の新判事を指名し，任命しています）。

　現在の9人の判事を性別で見ると女性判事が3人で，ギンズバーグは最高齢です。女性が初めて最高裁判事に任命されたのは1981年，レーガン大統領によって指名された，サンドラ・デイ・オコーナーが最初です。当時私はアメリカに留学中だったので，かなり大きなニュースとして取り上げられたこと，周囲の友人が興奮してその話題を話していたことを印象深く覚えています（オコーナーは，2006年に引退しました）。

4. 最高裁判事に黒人が入る

　では最高裁判事を人種的に見ると，クラレンス・トーマスという黒人が一人入っています。この人が（父）ブッシュ大統領によって指名されたのは1991年。このトーマスの任命をめぐっては大きな騒動がありました。クラレンス・トーマスに過去のセクシュアル・ハラスメント疑惑が生じ，その被害を受けたと名乗り出たのが当時オクラホマ大学法学部の教授であったアニタ・ヒル（黒人）。ヒルによれば，トーマスが雇用機会平等委員会の委員長をしていた当時，職務中にポルノ・ビデオを見せたり，さらにもっと露骨な性的な話をしたと言います。このような事実をめぐって上院で公聴会が開催され，その一部始終がテレビで全米に中継されました。このシーンが映画に登場したことについて，映画評「スタンドアップ」のなかで私が描いていますので，関心がある方は再読してみてください。

　このときは，トーマスが黒人であったために，最高裁の判事に黒人を入れたいという思惑も絡んで，セクシュアル・ハラスメントと人種問題のどちらを優先させるのかといった政治的判断が入り乱れました。結論から言うと公聴会での両者は「引き分け」で，その後の上院での投票でわずか4票差でトーマスは承認されたのでした。これによりトーマスは，最高裁の判事となった史上2番目の黒人となりました（1番目は，1967年から1991年まで務めたサーグッド・マーシャル）。黒人が最高裁判所の判事に初めて入ったのが1967年，初めて女性が入ったのが1981年，現在の判事に占める人数は黒人が1人，女性が3人。これだけ見れば，少なくとも最高裁判事に関しては，女性差別も人種差別も同じ程度の壁の厚さだと言えるでしょうか。

　トーマスのセクハラ疑惑について述べたので，つい最近起こった

判事任命をめぐる騒動についても触れておきましょう。トランプ大統領はすでに2名の最高裁判事を指名・任命したと既述しましたが，2018年に保守派の判事の引退に伴って指名した，ブレット・カバノー候補に，10代の時の性暴力疑惑が浮上しました。パロアルト大学教授のクリスティーン・ブラゼイ・フォードが1982年の夏，パーティーで酔った高校生のカバノーとその友人に性的暴行を受けたと名乗り出たのです。その後彼女の実名インタビューがワシントン・ポスト紙に掲載され，この件について上院司法委員会の公聴会が開かれると発表されると，10代の頃カバノーに性的暴行を受けたと告発する女性が更に2人現れました。トーマスの時と同様に，公聴会の模様を生中継するテレビに釘付けになる光景がいたるところで見られました。結果，公聴会の後の上院での投票では，50対48の僅差でカバノーの承認が決定し，トランプ大統領の思惑通りになったものの，政治性・党派性がむき出しになったこの騒動は，最高裁の信頼性や権威を損なうものであったと感じた人が多かったことでしょう。55歳と若いカバノーの判事生活はトランプ大統領時代以降も長く続くことになるのでしょうから，今回の任命の影響は甚大だと言えるのです。

5. 反トランプのアイコンとして

　映画で描かれるエピソードも十分にドラマティックですが，ルース・ギンズバーグご本人の人生は，それ以上に劇的なものでした。法と道徳の先導者として，長年のキャリアを通して多くのファンを獲得してきたリベラル派の彼女は，「RBG」の愛称で親しまれ，現在，アメリカで最も尊敬される女性の一人としてあげられています。ま

た近年では，ギンズバーグの動向がたびたび取り沙汰されたり，インターネットで取り上げられたりと，「人気者」となっています。女優ケイト・マキノンは人気番組「サタデー・ナイト・ライブ」でギンズバーグを演じるようになったし，コメディアンのスティーヴン・コルベアは，ギンズバーグのエクササイズのモノ真似をしています。彼女の功績をまとめた絵本や書籍が発売されるだけでなく，Ｔシャツ，マグカップ，トートバッグ等々，彼女がデザインされた「グッズ」がアメリカ中に溢れています。今やアメリカのポップアイコンとなった感すらあります。判事が法服の上に付ける「ジャボ」と呼ばれるレースの襟も注目されるようになりました。ギンズバーグが「反対意見を述べる時に選ぶ」と言われる襟は，ミニチュア版のネックレスが作られて売られています。ギンズバーグ自身も，面白がって自分の似顔絵が描かれたＴシャツを配っていると言われています。若い世代の女性たちの刺激になることは，ギンズバーグにとっても歓迎できることに違いありません。

　オバマ前大統領の在任中，ギンズバーグ判事はそろそろ引退すべきだという意見が，リベラル派から出されたこともありました。民主政権の間に，別の（若い）リベラル派判事を後任として選ぶほうがリベラル派にとって有利となるからです。しかしギンズバーグは辞任要求をはねのけました。「私はたくさんの人に，『いつ引退するのか』と聞かれてきた。しかし全力で仕事ができる限りはここにとどまる」と，インタビューに答えています。

　しかし，ギンズバーグの体調不良は度々報じられています。肋骨を折り，がんとの戦いに2度打ち勝ち，2014年には心臓にステントを挿入しています。それでも審理を欠席したことは一度もありませ

ん。オバマ大統領からトランプ大統領に代わった今，ギンズバーグ
の引退はより注目されています。リベラルの判事から保守の判事へ
と代わる契機となるからです。その継続がより強く望まれているゆ
えんです。

（ギャガ，2019年）

付記：RBG は 2020 年 9 月 18 日にガンのため亡くなり（87 歳），直後にトラ
ンプ大統領により，後任候補者として保守派のエイミー・バレットが指命され
ました。

Ⅲ. 世界の趨勢と歴史から学ぶ

映画評

『かもめ食堂』に集う，普通の女たちの冒険物語

1. 口コミによるヒット

　2006年3月に東京と横浜の単館で上映をスタートした『かもめ食堂』は，ミニシアター系を中心に上映館を全国に拡大し，同年秋になってもまだ上映するシアターが続出し，予想外のヒット映画となりました。「予想外」と書いたのは，大物俳優や監督による前評判の高い映画ではなかったからです。

　原作は，群ようこによるはじめての映画のための書き下ろし。群ようこはOLを中心に女性ファンが多い作家で，私もかなり愛読してはいますが中堅作家といったところで，ベストセラー作家というわけではありません。監督は荻上直子。日本ではまだ珍しい女性の映画監督であり，田舎に住む少年の素朴な生活を描いた前作の『バーバー吉野』では2003年のベルリン国際映画祭の児童映画部門で特別賞を受賞した監督です。とはいえ，本作が監督3作目であり，広く名前を知られた監督というわけではありません。主たる出演者は，小林聡美，片桐はいり，もたいまさこ。各人とも演技派ではあるけれども，失礼を顧みずに述べれば，いずれも脇役中心の俳優たちであり，主演した代表作というものはありません。つまりこの映画自体は，きわめて地味なスタッフ・キャストによりつくられた，（多分）低予算の「小品」なのです（制作は日本テレビ）。

　『かもめ食堂』は，全編をフィンランドで撮影したという点ではユ

ニークな映画ですが，以下に紹介するようにストーリーは，大ロマンスが展開されるとか，劇的な大事件が起こるというわけではありません。「かもめ食堂」に集まる普通の女たちの，ちょっとした人生の冒険が描かれているのです。そういう映画がヒットしたということは，評判が口コミによって伝えられ，上映期間が延期され，各地へ拡大していったということなのですから，前評判やPRの効果ではなく，いわば映画そのものが評価され，多くの人に支持された結果だといえるでしょう。

2. ストーリー

「かもめ食堂」は，フィンランドの首都ヘルシンキにひっそりと開店した食堂です。レストランではなく，あくまでも「食堂」という名がふさわしい，小さな目立たない食堂です。そこで出す料理は，フィンランドの軽食やコーヒーも出しますが，主たる料理はショウガ焼き，トンカツ，焼き鮭といった日本の家庭料理です。なかでも一番のおススメはおむすびです。画面には，こういった家庭料理が，次から次へと登場します。是非，腹ごしらえをしてから見ることをお勧めします。昼食後に映画を見たにもかかわらず，見終わったときに，お腹が空いたと感じたのは私だけではないはずです。

経営者兼料理人は，日本からやってきたサチエ（小林聡美）という38歳の女性です（私にはサチエは，群ようこの多くのエッセイに登場する主人公─群ようこ自身？─とキャラクターが重なります）。小さい頃に母が亡くなったために家庭料理に関してはかなりの自信と思い入れがあるサチエは，自分の食堂を持つために長い間貯金もし，腕も磨いてきました。その結果が「かもめ食堂」の開店というわけです。

しかし日本料理になじみがないためか，お客はさっぱり入りません。それでもサチエは毎日店を開け，掃除をし，グラスを磨いて準備に余念がありません。ガイドブックに載せればお客が来るかもしれませんが，サチエはあくまでも普通の，近所の人がふらりと入れる食堂を目標にしているのです。

　初めてやってきたお客は，日本かぶれの青年トンミ君。彼にガッチャマンの歌を教えてくれと頼まれたサチエはせっぱ詰まって，本屋さんの喫茶コーナーで日本語の文庫本を読んでいた，旅行者らしい日本人女性ミドリ（片桐はいり）に声をかけて教えを請います。ガッチャマンの歌を全編教えてくれたミドリは，その縁からサチエの家の居候となり，「かもめ食堂」を手伝うことになります。

　サチエとミドリと（記念すべき第1号の客なので，コーヒーを無料でサービスされている）トンミ君のいる「かもめ食堂」に，日本からヘルシンキに来たものの空港で荷物が出てこないというトラブルを抱えたマサコ（もたいまさこ）がふらりと立ち寄ります。荷物を待ちながら毎日「かもめ食堂」に顔を出していたマサコは，荷物が見つかった後も，「かもめ食堂」を手伝うことになります。

　トンミ君しかお客が来なかった「かもめ食堂」ですが，メニューにシナモンロールを取り入れたことが契機となって（画面から，焼きたてのシナモンロールの香りが漂います）お客が増え始め，近所の人が立ち寄るようになります。次第に日本食も注文されるようになり，サチエがこだわっている鮭・梅・おかかのおにぎり—サチエの父が作ってくれた唯一の料理—も注文されるようになります。「かもめ食堂」は満席になりました。

　映画ではその一部にしか触れてはいませんが，3人の女性たちは

それぞれの「過去」をふりきってフィンランドへやって来たのです。大学を出て食品会社の弁当開発部に勤めていたサチエは，そこで関わる食べ物が自分の作りたい食べ物でないことから，自分のやりたいことは「食堂」であると気がついたという経緯があります。親の言うままにのんびりと補助的仕事を続けていたミドリは，43歳になって突然リストラされ，親も年をとって施設に入所し，兄弟には邪険にされてしまいます。マサコは身体の弱かった両親の介護をずっと続けて50歳になり，その両親は相次いで亡くなりました。仕事に失敗した弟は，マサコの住む家を明け渡すように要求します。「かもめ食堂」は，それぞれの過去と決別し，自分の人生を歩みだした女の冒険の行き着いた場所（あるいは立ち寄り所）なのです。

3.　なぜ，フィンランドなのか

　フィンランドは日本の約8割の国土で，約500万人が住んでいます。私たちが思い浮かべるフィンランドとは，森と湖の国，白夜とオーロラ，サンタクロースやムーミンの故郷，マリメッコをはじめとする北欧デザイン，サウナ，といったところでしょうか。それ以外にもフィンランドには，おかしな世界大会があることで知られています。エアーギター世界選手権，嫁背負い競争，サウナ我慢大会，携帯電話投げ競争，国際雪合戦，寒中水泳世界選手権，水中走世界選手権などです。

　なかでも世界中から参加者が参集するのがエアーギター選手権です。エアーギターとは，バンドに合わせてギターを弾くマネをすることで，誰にでもできる手軽さと，プロのギタリストをマネる奥深さに根強いファンがいます。フィンランドでの世界大会の前に，世

界12カ国で予選が行われています。そういえば，2006年の9月にフィンランドで開かれた第11回世界選手権では，日本人が初の優勝を果たしました（『朝日新聞』2006年10月22日）。優勝者は吉本興業の「お笑い芸人」。ホットドッグ大食い大会だけでなく，エアーギターも日本人が制覇していたのですね。また，サウナ我慢大会は，日本から人気タレントの鶴瓶が参加し，日本テレビの「ザ・世界仰天ニュース」で放映されたこともあるそうです。

　そんな，のんびりとばかばかしさが同居するフィンランド。日本と比べると，厳しい現実から遠く離れたファンタジックな国。日本の「過去」から逃れて行く先としては，納得がいくような気もします。3人の女性たちは，それぞれの理由（？）があってフィンランドへやってきました。サチエは，食堂をやりたいと考えついたまでは良いのですが，グルメレストランや料亭でもない普通の食堂—おいしい家庭料理を普通に出せる食堂—を日本でオープンするのはかなり難しいことだとわかりました。悩みに悩んだサチエは，何も日本にこだわらずに外国で食堂をやればいい，と思いつきます。サチエの頭には，合気道の道場をやっている父の弟子にフィンランド人がいたこと，彼の頼みで母が亡くなる前に一家でフィンランドに合気道を教えにいったこと，太ったカモメがいるフィンランドが気に入ったことを思い出しました。フィンランド人の弟子と連絡を取り，父に内緒で（反対されるから）着々と準備を進めた結果の「カモメ食堂」の開店なのでした。

　43歳になってリストラされたミドリは，自分たちが面倒を見るハメになることを心配する兄弟たちに向かって，自分にはやりたいことがあるから心配しないでほしい，と言ってしまいます。一体何を

やりたいのかと聞かれて返答につまり、「外国に行って，語学を学ぶ」と答えてしまいます。そして自分の部屋で目をつぶって世界地図を指さしたところがフィンランドでした。もしアラスカを指さしたらアラスカへ，もしタヒチを指さしたらタヒチに行ったことでしょう。

　マサコがフィンランドへ来た理由は，両親の介護をしているときにフィンランドのニュースを見たからでした。父のおむつを替えながら耳に挟んだ，エアーギター世界選手権や嫁背負い競争をする国は，別世界のような自由な国に思えたのでしょう。両親が亡くなり自分のやりたいことができるようになったマサコにとって，両親の面倒も見なかった弟から邪険にされたマサコにとって，日本を後にして冒険に向かう国としては，やはりフィンランドがふさわしいような気がします。

4. フィンランドという国

　フィンランドは男女平等の国として知られています。ヨーロッパで初めて女性の参政権が認められた国でもあります。女性の首相も3人出現しています。現在の首相は2019年に就任したサンナ・マリーン（34歳），世界最年少の首相です。首相が女性であるだけではなく，国会議員の42％は女性です。マリーン内閣の閣僚ポスト19のうち，12は女性大臣によって占められています。

　女性議員が多いというだけではなく，女性が働くことが当然とされている社会ですから，当然育児休暇のような制度も整っています。以前の首相のパーヴォ・リッポネンが在職中に父親休暇を取ったことはよく知られています。夏休みは1ヵ月以上あるのが当たり前，男性も育児休暇を取るのが当たり前，という社会は，「男が育児休業

を取ったら本が1冊書ける」(私の説です)という日本とは，かなり状況が異なります。

　私はこの『かもめ食堂』を，愛知県立女性総合センター「ウィルあいち」の上映会で見ました。上映会では映画の後に，監督の荻上直子さんのトークショーがあり，フィンランドでの映画撮影のエピソードなどが語られました。

　荻上さんの話によると，全4週間をかけて映画はフィンランドで撮影され，うち2週間をフィンランドの風景の撮影にあて，2週間を「かもめ食堂」内部の撮影にあてたそうです。外国ロケなので撮影期間に制限があり，決められた日数で予定した撮影をすませなければならないのですが，フィンランド側の撮影スタッフや俳優の労働条件はとても厳しくて，予定をこなすのに苦労をしたそうです。例えば，前日の撮影と翌日の撮影の間には，必ず10時間以上の時間をおかなければいけないといった規則があり，ぶっ続けで何時間も撮影をする日本のやり方とは相容れません。どんなにその日の予定が残っても，終了時間が来たら残った撮影は翌日回し，そんなフィンランド流の働き方との調整が一仕事であったそうです。でも，ぶっ続けで撮影したり働かなければならない日本の方がおかしいのであって，一見のんびりしたフィンランド流の撮影風景の方が，本来の働き方にあっているのではないか，撮影の終わりの頃にはそのように感じ始めたと荻上監督は語っていました。

　このような苦労があったものの，フィンランドで撮影された映画なので，フィンランドの風景や町並み，港の風情等をたっぷり楽しむことができます。また風景だけでなく，フィンランドの優れた食器や家具もたくさん登場します。「かもめ食堂」内部のグラスや陶器，

オープンキッチンの鍋などの調理器具はイッタラ，家具はアルテック。日本からの飛行機にチェックインしたスーツケースが出てこないので，マサコさんが買ってきた洋服はマリメッコ。これらのフィンランドデザインの小物たちが，映画に独特の色彩と雰囲気を醸し出しています。これらもフィンランドロケの成果といえるでしょう。映画はフィンランドでも同年の9月末から一般公開され，高い評価を受けたそうです。

5. 新しい冒険のはじまり

　映画の終わりは，そのストーリーと同様に，劇的な出来事は起こりません。「かもめ食堂」の経営者であるサチエはともかく，臨時の手伝いであるミドリとマサコの行く末が決まったということもありません。旅行者である2人は，いずれは「かもめ食堂」を出て，「過去」のある日本に帰ることになるのでしょうか。

　映画は日本に帰ろうと決めたマサコが，隣人から猫を預かったために日本に帰れなくなったこと，もうしばらく「かもめ食堂」の手伝いを続けることにしたところで終わります。日本に帰るにしても，「かもめ食堂」の手伝いを続けるにしても，それらはまた新たな冒険のはじまりとなるのです。そのことを示唆して映画は終わります。

　エンディングテーマは，井上陽水の「クレイジーラブ」。新しい人生の予感を歌った歌です。女たちの冒険物語のエンディング——つまり第2幕の幕開け——にとって，まさにふさわしい曲であると私は感じました。

（パップ，2006年）

〈**参考文献等**〉

群ようこ『かもめ食堂』幻冬舎，2006 年

かもめ食堂公式ホームページ

  http://www.kamome-movie.com/（2010 年 6 月 1 日アクセス）

フィンランド政府観光局ホームページ

  http://www.moimoifinland.com/（2010 年 6 月 1 日アクセス）

映画評

『ミレニアム：ドラゴン・タトゥーの女』に見る福祉国家スウェーデンの現実

1. スウェーデン製の，スウェーデン語による映画

　例年よりも寒い日が続いた2010年のはじめの週末，封切り直後の映画『ミレニアム：ドラゴン・タトゥーの女』を見に出かけました。ちょうどその時，知り合いのドイツ人が名古屋に仕事で出張していて，休日を一人で過ごしていることを知っていたので，彼も一緒に誘いました。一緒に食事をして，その後に映画を見に行こうというわけです。うかつなことに映画『ミレニアム』は，英語の映画だとばかり思っていたのです（ハリウッド制作の映画だ，と間違った情報を教えてくれた人もいて……。実際に後日ハリウッドでも制作されたのですが）。それならドイツ人であるけれども，仕事では英語を主として使っている彼も楽しめるはずだと判断して選びました。映画館に近づくと，もしかして……とちょっと不安が頭をかすめたのですが，結局最初の予定どおりに伏見のミリオン座へ入りました。しかし私の不安はズバリ的中し，『ミレニアム』は2009年にスウェーデンで制作された，スウェーデン語による映画でした。私にとっては（知人のドイツ人にとっても），スウェーデン語の映画を見たはじめての経験となりました。

　映画の後で知人のドイツ人は，スウェーデン語とドイツ語はよく似ているので，だいたいは理解できた，と言ってはくれたけれど，本当のところはどうなのでしょうか。ドイツ語もスウェーデン語も

ゲルマン諸語に属するので，似ていることは確かだし，似たような単語の使用もあることにはあったのですが（例えば，スウェーデン語でもドイツ語と同様に「ダンケ」というなど）……。

　全篇がスウェーデン語であることも理由の一つですが，映画はスウェーデンの社会・風土・気候をよく伝えてくれます。近年スウェーデンは，その福祉国家体制や男女平等政策のモデルとして，私たちによく知られたなじみのある国とされています。スウェーデンに関する本もかなり出版されています。しかし本映画を見た感想を一言で言えば，私たちが知っているスウェーデンは，ごく一部だったのかもしれない，ということです。一例をあげれば，スウェーデンは北欧の極寒の地であり，厳しい自然と対峙しています。映画は，このような厳しい冬を過ごす孤島の生活を描き出します。冬の描写に限らず，スウェーデンの気候・風土，社会や文化を知るうえで興味ある映画です。本映画は，スウェーデンのアカデミー賞といわれる映画賞を3賞受賞しています。

2．映画のストーリー

　『ミレニアム』という社会派雑誌の発行責任者でもあるジャーナリストのミカエル・ブルムクヴィスト（スウェーデン語の姓は，聞き慣れないのでなかなか難しい）は，経済界の大物ヴェンネルストレムの悪事をスクープして記事にしたのですが，そのニュースソースがあいまいで（ワナにはめられた？），裁判により名誉毀損で有罪となってしまいます。そこでしばらく『ミレニアム』誌を離れ，ジャーナリズムから距離を置くことにしました。するとそこに奇妙な依頼が舞い込みます。依頼主は，ヴェンネルストレムとはライバル関係にある

大企業，ヴァンゲル・グループの前会長である，高齢のヘンリック・ヴァンゲル。

36年前のある日，ヴァンゲル一族の住む孤島から，ヘンリックの兄の孫にあたる16歳の少女ハリエットが突然失踪するという事件が起こりました。警察の捜査も，その後長期間にわたったヘンリックの捜索にもかかわらず，今に至るまで何の手がかりも見つかっていません。80歳を超えたヘンリックは，人生を終える前にこの事件の決着をつけたいと望み，ハリエットの行方を突き止めることをミカエルに依頼したのです。謎を解いてくれたなら，莫大な謝礼を払うし，ヴェンネルストレムを打倒することのできる「秘密」を教える，というのです。しばらく躊躇したミカエルですが，結局は依頼を受け入れて，表向きはヴァンゲル一族の歴史を執筆するという理由により，1年間の予定でストックホルムから約300キロ離れたヴァンゲル一族の住む孤島ヘーデビー島に移り住みます。

その一方で，背中にドラゴンのタトゥーを入れた女性調査員，リスベット・サランデルが登場します。いくつものタトゥー，鼻ピアス，どぎつい服装をして，きわめて小柄でやせていて，24歳なのに15歳ぐらいにしか見えない女性。生育歴や家族との秘密を抱えていて，他人を信用せず，社会とのつながりを殆どもたない女性。しかし調査をさせれば超一流で，映像記憶能力を持つコンピューターの天才ハッカー。あることからリスベットのたぐいまれな調査能力を知ったミカエルは，リスベットに調査協力を依頼します。協力して調査を進めるうちに，2人の間には強い信頼関係と愛情が育まれます。2人の調査により，ひとりの少女失踪事件を手がかりとして，大富豪ヴァンゲル一族の封印された過去が明らかになります……。

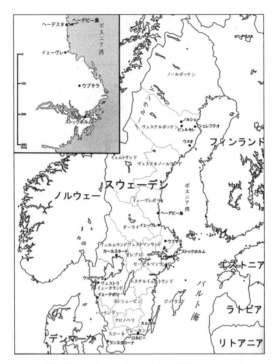

〈図1〉 スウェーデンとヘーデビー島の位置
出典：映画ホームページより

3. 原作と著者

　小説『ミレニアム：ドラゴン・タトゥーの女』は，『ミレニアム』
と名付けられた3部作ミステリーの第1部です。この3部作は，2005
年にスウェーデンで刊行され，たちまちベストセラーとなりました。
3年あまりで，合計300万部を売り上げたのです。スウェーデンの人
口が約900万人であることを考えると，これは驚異的な数字といえ
るでしょう。第1部『ドラゴン・タトゥーの女』と第3部は，いずれ

もスカンジナヴィア推理作家協会が北欧5ヶ国で書かれたミステリの最優秀作に与える「ガラスの鍵」賞を，第2部はスウェーデン推理作家アカデミー最優秀賞を受賞しました。また，フランス，ドイツ，アメリカをはじめ，40ヶ国以上で翻訳され，フランスでも200万部を超す売れ行きをみせています。全世界で総計2,100万部が売れ，かのベストセラー『ダ・ヴィンチ・コード』を超えて，今世紀最大のミステリーと言われています。日本でも30万部以上が売れて，全国のミステリー通，書店員が選ぶ，週刊文春「2009年ミステリーベスト10」の海外部門の第1位になりました。映画化も，スウェーデンにおける映画制作の後にも，ハリウッドでも製作が進行中であり，ハリウッド版も後に公開されました。

　著者スティーグ・ラーソンはジャーナリストで，スウェーデン通信に20年以上勤務するかたわら，極右思想や人種差別に反対する運動にかかわり，1999年からは，そうしたテーマを専門に扱う雑誌『EXPO』の編集長となりました。その彼の小説家としてのデビュー作が本作です。2002年から執筆に取りかかり，2004年のはじめに3部作の出版契約を結びます。2004年11月に3部作を書き上げて，第4部の執筆を開始したところで，心筋梗塞で急逝しました。享年50歳，本作第1部の発売前のことでした。ですから著者ラーソンは，この驚異的なベストセラー現象をまったく知らずに世を去ったのです。このような経過自体が，既に「伝説」を作り上げています。

　本作は第3部で完結しているのですが，急逝したラーソンのパソコンには，第4部の一部が残されていると言われています。ラーソンの経歴からもわかるように，3部作には（そしてここで取り上げる第1部である『ドラゴン・タトゥーの女』のなかでも）人種差別，ナチズム，

暴力への抵抗が強く主張されています。その続きを読んでみたいと思うのは，読者共通のかなわぬ願いとなったのです。

　ちなみに，世界のベストセラーを追うようにして，第2部と第3部が最近翻訳刊行されました。第2部は「火と戯れる女」，第3部は「眠れる女と狂卓の騎士」。スウェーデン製の映画の続編である2部と3部も，今後それぞれ劇場公開される予定です。

4. 福祉国家スウェーデン

　ミステリーの舞台となったスウェーデンは，福祉国家を代表する国として広く知られています。世界の福祉国家をパターン化すれば，市場主義のアメリカ型，個人・家族主義のヨーロッパ型，公的主義の北欧型，といわれますが，北欧型の代表はスウェーデンです。スウェーデン・モデルといわれるスウェーデン型福祉システムの特徴は，すべての国民を対象にした「一般的・普遍的」社会サービスを公的資金によって提供することです。つまり「胎児から墓場まで」と称されるほど網羅されている福祉政策は，膨大な福祉ヒューマンパワーと最新の福祉施設，およびそれを可能にする税収によって支えられているのです。「高福祉・高負担」政策といわれるゆえんです。

　どれぐらいの税金が課せられるかというと，スウェーデンの消費税は25％（食料品は12％）。所得課税は地方税が所得にかかわらず30％。そのほかに年収が高い人には，20％または25％の国税が課税されます。日本の場合，現在，住民税（地方税）は5％から13％の3段階。所得税（国税）は10％から37％まで4段階の幅がありますが，8割の納税者には10％の税率が適用されます。国民負担率（所得税，住民税，消費税はもちろん法人税や固定資産税を含むすべての税と労使双

方の社会保険料の合計額が国民所得に占める割合）は，日本が37％に対し，スウェーデンは71％という高さです。

　しかしその見返りとして，スウェーデンでは未成年（18歳未満）の医療費は無料，実際には多くの県で20歳まで無料です。大学までの授業料も無料。所得に関わりなく，子どもの人数に応じて児童手当が支給されます。働く親のためには，保育所や学童保育所が整備されているだけでなく，出産後両親が併せて480日間取得できる両親休暇（うち，390日は休業前の給料の8割支給）も整っています。

　スウェーデンはまた，世界でも最も男女の機会均等が実現している国といわれます。1960年代からスウェーデン女性はまず福祉の最前線へ，そして働く環境を整備しながら社会のあらゆる分野に進出しました。これは女性の社会参加を意味しているだけではなく，納税者として福祉財源を負担する人口が大量に増加したということです。社会の高齢化を支えるには，膨大なヒューマンパワーと納税者人口が必要ですが，社会参加した女性たちがそれを担っているのです。

　公的福祉を基盤とするスウェーデン型福祉政策では，福祉の充実につれて公的部門が肥大し，そこが女性の社会進出の突破口となりました。現在ではスウェーデンの女性の就労率は80％にのぼりますが，うち，54.6％が公的部門で働いています。公的部門は全労働市場の約37.5％を占めています。福祉国家が整備されることと，機会均等のもとでの女性の社会進出とは，強い相関関係にあることをスウェーデン・モデルは証明しています。

　しかしこのような福祉国家が整備されるのは，簡単なことではありませんでした。公権力による直接的な介入は，管理社会の可能性と隣り合わせとなります。過保護ともいえる濃密な福祉環境や，可

処分所得を極端なまでに小さくしてしまう高負担政策は勤労意欲を低下させる可能性があるし，企業の経営インセンティブも低下するかもしれません。それでもスウェーデン・モデルが可能であったのは，長期にわたる平和の継続が政治財・経済財となったこと，社会民主労働党の長期政権が福祉国家路線の定着を強固にしたこと，それにコンセンサス・ポリティクスと呼ばれる合意形成指向型政治が前進的改革路線を可能にしたことなどが理由としてあげられます。

5. 映画に描かれる暴力

　スウェーデンと言えば多くの人々は，上記したような福祉国家のイメージ，また男女平等が実現されている国というイメージが浮かぶことでしょう。しかしこの映画は，スウェーデンの別の顔—闇の部分—をも描いています。暴利をむさぼる実業家や金儲け至上主義がはびこっていること，知られざるスウェーデンの20世紀の負の歴史も暴露します。また，男女平等の国と言われている割には，女性に対する暴力が横行していて，女性の人権がそれほど配慮されていないことも驚きです（スウェーデン人は，たばこをよく吸うことにもびっくりです）。

　ミカエルの調査の協力者となるリスベットには，子ども時代に学業に集中せず，級友に凶暴性を示す等の問題行動が見られたために，児童精神病院や里親との生活が義務づけられ，成人するまで特別代理人が付けられました。リスベットの主張を最大限に認めてくれた特別代理人であった弁護士とは長年の間に信頼関係ができて，成人後も後見人として決められた面会を行ってきました。リスベットが変人ではあるけれども，かなりの社会性を身につけた成人になった

のは，その弁護士のお陰でもあったのです。しかしその弁護士が重篤な病気により後見人を続けられなくなり，役所が勝手に決めた序列に従い，別の弁護士がリスベットの後見人になりました。

　リスベットは，その新しい男性の弁護士と定期的に面会をしなければなりません。また，銀行預金の使用限度額は（リスベットが稼いだお金なのに）その弁護士に決定権があります。つまり，彼はリスベットの殺生与奪の権限を握っているのです。それを盾にとって弁護士は，リスベットにセクシュアル・ハラスメントを迫ります。それもサドの気のある弁護士は，徹底的にリスベットを肉体的にいたぶります。スウェーデンより男女平等が全然進んでいない日本でだって，こんな理不尽なことはあまり起こりえません。強い権限を持つ後見人が，これほど無自覚であることはありえないし，このようなことを防ぐシステムも少しは考慮されているはずだからです。結局数回彼に屈服せざるを得なかったリスベットは，次回にはあらかじめビデオカメラというワナを仕掛けて，弁護士を恐喝するという手段をとります。第2部以降では，この弁護士が再度反撃するというストーリーが展開されるようですが，第1部ではとりあえず撃退します。また，この弁護士との絡みだけではなく，駅でリスベットが通りすがりの若者に暴行を受け，でも通行人はあまり関心を示さない，というシーンも登場します。どうやら福祉国家スウェーデンは，男女平等政策の進んだ国ではあるけれども，それは女性の権利を尊重すること―女性への暴力を否定すること―と同義語ではないようです。

　本書の中扉には，各扉ごとに以下のような文言が書かれています（本書は4章からなるので，扉の文言は4つあります。いずれも出典が書かれていないので，不明ですが）。

① 「スウェーデンでは女性の 18％が男に脅迫された経験を持つ」

② 「スウェーデンでは女性の 46％が男性に暴力をふるわれた経験を持つ」

③ 「スウェーデンでは女性の 13％が, 性的パートナー以外の人物から深刻な性的暴行を受けた経験を有する」

④ 「スウェーデンでは, 性的暴行を受けた女性のうち 92％が, 警察に被害届けを出していない」

別の資料によると, スウェーデンでは近年, 強姦犯罪が3倍に増加し, 治安が悪くなったとあります。その理由として, 移民が増え, その移民が安定した職業に就くことができない状況が背景にあることを指摘する人もいます。どうやらスウェーデンにおける現実生活は, 福祉国家が標榜するほど, 安全でも安心でもないようです。

このような扉の文言の引用からもわかるように, 本書に登場する暴力に関わるストーリーは, 反人種差別運動に関わった著者の姿勢の反映でもあるのでしょう。ナチズムと深くつながるヴァンゲル家の秘密, 女性に対する偏見, 差別, 暴力は本書を貫く重要なテーマなのです。ちなみに本書の原題は, 「女を憎む男たち」です。

6. スウェーデンと「女性への暴力」

上記に関連する, 興味ある本を見つけたので紹介しておきましょう。『国家は女性虐待を救えるか——スウェーデンとアメリカの比較』という本は, 女性虐待を, 単に量的な現象面からではなく, 質的な国家構造あるいは社会構造という視点から分析した研究書です。

本書は, 当時, 女性にとって「最も優しい国」といわれたスウェー

デンに注目し，スウェーデン国家が女性の問題にどのように取り組んできたか，また取り組みつつあるかを，アメリカと比較したものです。女性虐待（婦女暴行，レイプ，セクシュアル・ハラスメント）がスウェーデンとアメリカのどちらにどれほど多いか，増加したかといった趨勢を調べたものではありません。両国では制度も異なるし，警察への通報率も異なるために，現象面での比較は重要ではないからです。研究の方法として，両国の暴力をふるう男性から女性を守るプログラムや政策の開発や実施に焦点を当てて，「参与観察」による比較研究をしています。

　本書の結論として，スウェーデンでは女性虐待に対する国家の認識は相対的に弱く，福祉国家スウェーデンを構築するうえで，その問題は周辺的な扱いしかされていないこと，さらにスウェーデンにおいては，アメリカで見られたような，女性自身が女性固有の問題を積極的に訴え，国家に対応を要請するといったフェミニズムの意識高揚や運動はほとんど見られないこと，女性問題の多くが「労働者」としての観点から，機会均等，家庭と仕事の両立，子育ての援助として，主に労働組合，さらにはそれと密接なつながりを持つ政党の施策として対応されてきたことを明らかにしています。労働者としての女性を中心に考えると，女性虐待のうち，婦女暴行とレイプは「私的なこと」として公的な領域から排除されてしまいます。労働者としての女性を重視する観点からは無視できないセクシュアル・ハラスメントも，職場の不公平な配置や賃金格差と比べると周辺に追いやられていたようです。アメリカの第2次フェミニズムの掲げた「個人的なことは政治的なこと」は，スウェーデンではあまり受け入れられなかったといえるでしょう。

スウェーデンでは，国家による男女平等政策が推し進められたのですが，その一方で女性たち自身による運動が進められなかったので，取り上げられにくい女性と暴力問題は取り上げられないままに来てしまったのです。スウェーデンの中央集権国家は，組織力を効果的に使い福祉国家を推し進めたのですが，それは女性問題には有効な方法ではなかったということなのでしょうか。国家による「支援」は「管理」に結びつきやすいということでもあります。それに反して非中央集権的国家であるアメリカは，変化を管理するのに不適切であるかもしれないが，既存の権力関係を変えようと望む人からの要求を受け入れやすい。女性問題の解決のためには，「何を」「どうするか」だけではなく，「誰が」するか──つまり運動が重要な点であるという指摘にはうなずけるものがあります。

7. 福祉国家のジェンダー課題

　各国の男女格差をあらわす指標としては，世界経済フォーラムが2006年より公表しているジェンダー・ギャップ指数（Gender Gap Index：GGI）がありますが，これは政治，経済，教育，労働の4分野における不均衡を示す指標です。最新の2020年の報告によると，日本は153ヵ国中121位。昨年の110位から11位順位を下げています。とくに政治分野での女性の不参加が理由のひとつです。同年のスウェーデンは4位。1位から3位は，アイスランド，ノルウェー，フィンランドです。なお，GGIの他にも国連開発計画が「人間開発報告書」で発表している下記のような国際的な指標がありますが，日本の順位は以下の通りです（いずれも2017年時点）。

・ジェンダー不平等指数 (Gender Inequality Index：GII)（22位/160ヵ国）
・ジェンダー開発指数 (Gender-related Development Index：GDI)（55位/164ヵ国）
・人間開発指数 (Human Development Index：HDI)（19位/189ヵ国）

　しかしこのような輝かしいスウェーデンにも，上記の暴力の問題以外にも，未だにいくつかの問題点があります。ひとつは，男性と同等程度に女性労働力率が高いのですが，女性にはパートタイム労働が多いということ，それと関連して，性別賃金も解消されていないことがあります。

　20歳−64歳までの女性のうち84％（男性は88％）が働いていますが，うちフルタイムが48％（男性は78％），長期のパートタイムが29％（男性は5％），短期のパートタイムが4％（男性は1％）。また一般に，女性の職場は保育や高齢者介護などの公的部門が多く賃金が低い。スウェーデンには，ボルボやエリクソンなど世界的な製造業がありますが，これらをはじめとする高賃金の民間企業は男性中心です。同じ産業でも女性の給料は男性より2割程度低いといわれています。

　2つ目は，これに関連して，女性の社会進出は進んでいるものの，分野や職種により偏りがあるということ。例えば，国会議員（1院制）に占める女性の割合は45％と高く，閣僚の数も男女ほぼ同数で，地方議会も同様の傾向にあります。また，政府や国営会社では幹部に占める女性の割合が4割にのぼりますが，民間企業の女性役員は非常に少ないということがあります。

　3つ目は，スウェーデンの目玉政策でもある「両親休暇」ですが，

上記の男女の労働環境の格差を反映して，せっかくの両親休暇なのに母親の取得に集中しがちなこと。現状の「両親休暇」は，出産後両親が合わせて480日間取得できるのですが（うち，390日は休業前の給料の8割支給），60日間は必ず父親（または母親）が取得する，と決めてあるのも，「給料の8割補償」のため給料の高い男性が休暇を取得せず，母親だけが休むケースを防ぐためだといわれています。両親休暇を取る男性の割合は，1970年の0％から30年余りかかって，2003年には17％にまでなったという統計もあります。このため，民間企業の経営者は「女性は育児休暇を取る可能性が高い」と考えて，男女間の給与格差をつけたり，女性の雇用に慎重になったりするというあたりは，取得率こそ日本よりは高いものの，日本と本質は変わらないようです。

　上記のような福祉国家のジェンダー課題は，いかにジェンダー問題がなくならないか，解消するに困難であるかを物語っています。

　リスベットと協力して，ヴァンゲル一族の謎を見事に解いたミカエルですが，その謎はまだ完全に解決したわけではありません。また，宿敵ヴェンネルストレムを打倒する目的も達してはいません。第1部である本映画（と本書では），謎をいくつも残したままの幕切れです。これらは続編に持ち越される問題であるようです。

　また本書には，ストーリーだけでなく，不明のままの問題もあります。何しろ著者が発売前に急逝してしまったのですから，不明の部分を問う機会がありませんでした。そのひとつは書名についてです。本書の書名『ミレニアム』（千年紀）とは，何を意味しているのでしょうか。欧米では，新聞や雑誌の名前には深い意味があるのです

が，本書にはその説明がありません。雑誌の名前を「ミレニアム」と命名した作者ラーソンの仕掛けの意図は何だったのでしょうか。まあ，20世紀とは何だったかを問いかけているのでは，と推察することはできるのですが。

　また，私にとっての個人的な疑問も解決していません。果たしてドイツ語とスウェーデン語の類似点はどうなのか，どなたか，適切な回答をご存じの方は，是非ご教示下さい。

（パラディソ，2010年）

〈参考文献〉

ミレニアム公式ホームページ
　http://millennium.gaga.ne.jp/（2012年10月1日アクセス）
スティーグ・ラーソン著，ヘレンハルメ美穂訳『ミレニアム1：ドラゴン・タトゥーの女（上）（下）』（ハヤカワ・ミステリ文庫，2008年）
岡沢憲芙『おんなたちのスウェーデン：機会均等社会の横顔』NHKブックス，1994年
レグランド塚口淑子『女たちのスウェーデン』ノルディック出版，2006年
エイミー・エルマン著，細井洋子・小宮信夫訳『国家は女性虐待を救えるか―スウェーデンとアメリカの比較』文化書房博文社，2002年

映画評

『Shall we dance?』の日米比較

1. 日米の競作

　周防正行の原作・脚本・監督による映画『Shall we ダンス？』は，1996年度の日本アカデミー賞の13部門を受賞し，大ヒット映画となりました。ストーリーは既に多くの方がご存じだと思いますが，毎日の生活に倦怠感を感じている中年のサラリーマンである役所広司が，通勤電車の線路沿いにあるダンス教室の窓辺にたたずむ女性をたびたび車窓から見かけ，そのもの思わしげな様子に惹かれてダンス教室に入学するところからはじまります。はじめはダンス教師である草刈民代に心惹かれて社交ダンスを始めた役所広司ですが，ダンス教室の仲間と親しくなり，次第にダンスに魅せられて，ついにはダンス競技会に出場するための猛特訓に励むことになります。一方，役所広司の妻である原日出子は夫の行動に不審を覚え，浮気調査を探偵事務所に依頼するのです。

　この映画は全米でもヒットし，ナショナル・ヒット・オブ・レビューをはじめ，8つの外国語映画賞を受賞しました。その映画が，アメリカ人のスタッフ・キャストによりハリウッドでリメイクされ，ピーター・チェルソム監督の『Shall we dance ?』として2004年10月に全米で公開されました（日本での公開は2005年5月）。アメリカ版の配役は，役所広司の役に『シカゴ』（2002年）で華麗なダンスと歌を披露してゴールデン・グローブ賞を受賞したリチャード・ギアを，草刈民代の役に世界でも有数のダンサーであるジェニファー・ロペ

スを配した豪華キャストです。アニメでもホラー映画でもない実写の日本映画がアメリカでリメイクされることは珍しいことですが，公開されると5週連続でトップ10に入り，世界56カ国での公開が決まるなど，アメリカ版も大きなヒット映画となりました。

　両者の評価としては，日本人による映画評によると，総じて日本版の方が評価が高いようです。次のような評価がその代表的なものでしょう。「オリジナル版の方が何十倍も面白くて素晴らしい。日本人の根本にある生真面目さと物悲しさ—つまりはペーソスを基調としているので，だからひとつひとつの笑いの底が深く，吹き出しながら同時にじんと胸に沁みるのである」（長部日出雄「紙ヒコーキ通信」）。つまり，まったく同じストーリーを日本とアメリカという異なる社会のなかで展開させるわけですから，その「差」をどう描いたのかが評価のポイントとなったのです。しかし，同時にこのことは，日米の「差」—特に家族や女性の生き方という差—を考えるうえで大変興味深い材料を提供してくれます。ここではその「差」に注目して，両者を比べてみることにしましょう。

2. シナリオの違い

　日本版での舞台は東京と東京近郊の郊外住宅地であり，アメリカ版の舞台はシカゴ市とその近郊住宅地（おそらく高級住宅地であるエヴァンストン）です。実際の撮影は，カナダのウイニペグで行われたそうですが。主人公の中年男性の設定は，経理課長と弁護士という違い，妻の設定も専業主婦（実は日本版の冒頭のシーンで，原日出子はローンのために働いていて，「最近働くのが楽しくなった」と娘に一言だけ言うシーンがあるのですが，その台詞以外はまったく専業主婦の生活が

〈表1〉日米版の違い一覧

	日本版	アメリカ版
仕事場	東京	シカゴ
住居	東京近郊の新興住宅地	シカゴ郊外（エヴァンストン）
夫の職業	ボタン会社の経理課長	遺言作成専門の弁護士
妻の職業（立場）	専業主婦	デパートのマネージャー
ダンスを始めた理由	人生や結婚に物足りなさを感じていたから	夢見ることを忘れていたから
「恥」の概念	社交ダンスは恥ずかしい	（アメリカンドリームを達成した人が）不幸だと言うこと

出典：著者作成

描かれているので，ここでは専業主婦と判断しました）とデパートのマネージャーと違いがありますが，それ以上の違いはダンスをする動機と理由にあらわれています。

　周防監督の日本版では，「恥」の概念が重要な要素であることがたびたび指摘されています。例えば上述した長部日出雄の映画評のなかでも，日本が「恥の文化」であることを指摘して，「周防監督の日本版では，主人公の根深いシャイネス（恥ずかしがり）がきわめて重要な要素になっていて，それを抜き取ってしまったら，この物語は成り立たない」と評しています。周防正行自身も，日本版をアメリカで上映する際の冒頭のナレーションとして「日本では，ボールルームダンスはとても偏見を持たれている。男と女が人前で抱き合って踊るなんて恥ずかしいことだ。なにしろ夫婦が腕を組み，パーティーに出かけることも恥ずかしい。その上一緒に踊るなんてもっと恥ずかしい。ちなみに夫婦の間で『愛してる』なんていうこともない。夫婦なら口に出さなくても分かり合える，というのが日本人の考え方だ。踊る相手が妻以外，夫以外となるともっと恥ずかしい。そん

な日本人でも，音楽に乗って楽しく踊れたらどんなに素晴らしいだろうと，心密かに思っている」と書いています。では，「恥の文化」を持たないアメリカ版においては，「恥」はどのように描かれているのでしょうか。

　アメリカ版の監督であるピーター・チェルソムによると，同映画がアメリカ人の観客になじむものにするために，オリジナル版に「ある変更」を施したと言っています。「オリジナル版にみられる葛藤は，公然と親密に寄り添うダンスが日本人に恥ずかしいという気持ちを起こさせることに端を発している。しかしアメリカではこの設定は通用しない。アメリカ人にとってのタブー（恥）は，アメリカンドリームを手にした者が，自分は満たされていないと思うことなのだ」（「Shall we dance? の公式ホームページ」参照）。順調なキャリア，幸福な家庭，何もかも満たされているはずなのに心のどこかに空しさを感じる。その思いを長年連れ添った妻にも打ち明けられずにいた主人公は社交ダンスの世界に飛び込み，情熱を持って打ち込める何か＝ダンスを通じて生きる意味やそれを支えてくれる人の大切さに気付いていく……。このようなストーリーは同じでも，日本版の主人公が「人生や結婚生活に物足りなさを感じているサラリーマン」という設定であることに代えて（もしこういう設定であれば，アメリカでは離婚という選択になるだろう），アメリカ版では「夢見ることを忘れてしまった都会のホワイトカラー」という設定がなされたのです。「恥」をめぐるこのようなシナリオの変更とは，映画の背後にある日米の社会の違いを反映しているといえるでしょう。

3. 「ラスト」の違い

　はじめはダンス教師へのあこがれからダンスをはじめたものの，次第にダンスに熱中し，競技会に出場することになった主人公は猛訓練を行います。その成果があがり，競技会では見事なダンスを披露するものの，まったく予期していなかった妻と娘の声援を受けて動揺し，失敗してしまいます。今まで隠していたダンス教室のことも妻にバレて，主人公は妻に謝り，もうダンスはしないと宣言します。日本版の専業主婦である妻を演じたのは原日出子。アメリカ版の妻を演じたのはスーザン・サランドン，『デッドマン・ウォーキング』でのオスカー女優です。原日出子はいかにも貞淑な妻らしく，内緒にされていたダンス教室のことで夫をなじったりはしません。むしろ自分がいたらないから，夫がダンスをはじめたのだと反省します。前述の長部日出雄の評によると，「いかにも普通の感じがよかった」。スーザン・サランドンの場合は，競技会場の混雑している地下駐車場で，大声で夫を非難し，怒鳴りあいのケンカをします。同様の長部評によると「あまりにも貫禄がありすぎ立派すぎて，これじゃ夫が浮気するなんて最初からあり得ようはずがないじゃないの」。

　その事件を機にダンスをやめた主人公を，ダンス仲間がダンスパーティーへ誘います。あこがれていたダンス教師がイギリスにダンス留学するためのさよならパーティーへの出席です。日米版ともに，妻は出席することを薦め，主人公は逡巡しながらも結局は出席して，ダンス教師と最後の曲を一緒に踊るところで映画は終了します。ストーリーの大筋は同じだけれども，このラストの部分は日米版でかなり異なります。

日本版では，主人公は退社後にパチンコをしたり，食事をしたりして時間を潰し，さんざん迷ったあげくにパーティー会場にあらわれます。彼の登場を首を長くして待っていたダンス仲間やダンス教師に迎えられて，最後の曲を踊ります。これはこれで納得のできるラストですが，アメリカ版では異なります。主人公は先ずは残業をしている妻の職場（「サックス・フィフス・アベニュー」というシカゴのダウンタウンにある高級デパート）へ向かいます。途中で買った赤いバラを差し出し，一緒にパーティーへ行こうと誘います，「私のパートナーはここにいるのだから」と。そして二人一緒にパーティーへあらわれて，妻を仲間やダンス教師に紹介するのです。うーん，まさにアメリカ的といえるラストの展開です。大声で怒鳴り合うような議論をしてわかりあったのだから（日本版では，妻とは怒鳴り合いの議論はしない），やっぱりここは一人で出かけてはいけない。大事な場面だからこそ，「パートナー」と一緒に出かけるべきなのです。このシーンこそ，日米の違いが一番現れた箇所であると私には思えたのです。周防正行はその著書『「Shall we ダンス？」アメリカを行く』のなかで，アメリカで日本版を上映したときのアメリカ人の感想として，「どうして最後のパーティーに奥さんが来なかったの？来てほしかったわ」と聞かれたこと，それに対して「日本の女性は，そこまで出しゃばらないんだ」と答えたことがエピソードとして書かれています。

4. 女性の現実を描くということ

　日米どちらの映画もそれぞれの社会を反映していて，なおかつそれぞれの家族観や結婚観が反映されていて，大変興味深い映画です。

見終わった後にほのぼのとした暖かさが残るという点でも共通しています。どちらも甲乙つけがたい名画だといえるでしょう。しかし，フェミニズムの視点から見ると，アメリカ版の方に共感を覚えることも事実です。なぜならば，アメリカ版の方が登場する夫婦（特に妻）の現実をよりよく反映しているからです。一体どうして，原日出子は（ほとんど）専業主婦として登場するのでしょう。実際には，その年代の専業主婦とは，共働きの妻よりも少数派なのにもかかわらずに。共働き世帯と専業主婦世帯の比率は1990年代半ばに逆転し，現在では共働き世帯（夫も妻も就業者）が68％，夫が働き妻が専業主婦の世帯が31％と，共働き世帯が大きく上回っています。（厚生労働省編『2019年版　女性労働白書』）。そして，今や少数派となった専業主婦のいる家庭とは，ある程度経済的に余裕のある家庭か，または乳幼児がいる家庭であることが統計的にも明らかです。つまり現実には，幼い子どもがいるわけではない原日出子が専業主婦でいる確率は非常に低いのです。映画が現実の社会の反映であるならば，原日出子は再就職している（フルタイムかまたはパートタイムかは別として）妻として，描かれるべきだったでしょう。あるいは「ローンのために働いている」のならば，彼女の生活にはもっと仕事が入り込んでいるはずです。周防正行は上述した著書のなかで，アメリカ人記者に「なぜ原日出子だけ，自分の好きなことを何もしていないのか」という質問をされたこと（アメリカで上映した日本版は，上映時間を2時間以内に短縮するために，上述した冒頭の台詞はカットされました），それに対して「僕は日本女性の地位向上のために映画を作っているわけではないし，大体，日本の伝統的な主婦を全面的に否定するつもりもない」と答えたことを記述しています。つまり，そんなこと

には関心がないってわけね。日常生活に倦怠感を感じたり，物足りなさを感じるのは夫だけの専売特許ではないはずなのですが。日本版『Shall we ダンス？』が画竜点睛を欠いていることが惜しまれます。

　もちろん，映画をはじめとするサブカルチャーは，私たちの社会の現実を常に正確に描き出すわけではありません。むしろ時として，「社会の通念」や「あるべき姿」を代替して描きます。その結果として，「社会の通念」や「あるべき姿」をリードする役割を果たすのです。私たちが，注意深い「受け手」であらねばならない理由です。

（東宝，1996年，ギャガ，2005年）

〈参考文献〉
「Shall we dance」公式ホームページ
　www.shallwedance-movie.jp（2009年6月1日アクセス）
長部日出雄「紙ヒコーキ通信」『オール読物』2005年6月号
周防正行『「Shall we ダンス？」アメリカを行く』太田出版，1998年

『隠された日記〜母たち，娘たち〜』女性解放運動がフランスにもたらしたもの

1. 映画の見どころ

　フランス・カナダ合作映画『隠された日記〜母たち，娘たち〜』は，生き方も時代も異なるフランスの3世代の女性たち—祖母・母・娘—の人生を描いた映画です。それぞれの時代・世代の女性像の変遷を背景に，時代が変わってもそれぞれ悩みを抱えながら，積極的に人生を切り開いていこうとする女性たちの生き方を映画は描いています。監督は，若手の女性監督，ジュリー・ロペス＝クルバル。この映画のプロモーションで来日した際のインタビューで彼女は，この映画のテーマが「自由への欲求」として結実したのは，2002年の長編デビュー作『海のほとり』(カンヌ国際映画祭カメラドール受賞) のPRで世界中を回った際，女性の映画監督が珍しい国に出合ったことが引き金となった，と語っています。女性であり，かつ映画監督にもなった自分はラッキーであることを自覚するとともに，自由がなかった過去の女性が自由を求めて歩んだ歴史に目を向けるようになったことがこの映画制作の動機であった，と語っています。脚本も手がけたクルバル監督は，上記のようなメッセージを伝えるために，祖母，母，娘の3世代にわたり，それぞれの時代の変化のなかで翻弄（ほんろう）される女性の生き方を，サスペンスタッチで描いています。

　この映画のもうひとつの見どころが，母親役を演じるカトリーヌ・

ドヌーヴにあることは言うまでもありません。フランスを代表する大女優のカトリーヌ・ドヌーヴは，本作に出演したときは67歳，近年ではそのほかにも，日本で公開されたものだけでも，アルノー・デプレシャン監督の『クリスマス・ストーリー』や，フランソワ・オゾン監督の『しあわせの雨傘』等，精力的に出演し続けています。1963年にロジェ・ヴァディム監督『悪徳の栄え』で主演デビューし，ジャック・ドゥミ監督の名作『シェルブールの雨傘』(1964年)で注目を浴びて以降，100本を超える作品に出演しています。なかでも特に話題となったのは，ヴェネチア国際映画祭で最高賞の金獅子賞を受賞した『昼顔』(1967年)。医師の妻としてパリで何不自由なく暮らす若い妻が，日常生活に飽きたらずに，「昼顔」という名で上流階級の客を相手にする娼婦として二重生活を送るというストーリーで，当時センセーショナルな話題を集めました。私生活では，1965年にイギリスの写真家と結婚しましたが，数年後に離婚しています。監督のロジェ・ヴァディム，俳優のマルチェロ・マストロヤンニとの間にそれぞれ子どもがいますが，どちらも正式な婚姻関係ではありません。このあたりの事情は，後述するような「フランス式」の生活様式の反映ともいえるようです。

　本映画のカトリーヌ・ドヌーヴは，もちろん『昼顔』当時のような輝く美しさはありませんが，年齢からすればかなり若さを保っているとは言えます。しかし一方では，上記した『しあわせの雨傘』の映画評で「貫禄ありすぎの体幹が気になる」(中野翠)と書かれてしまうような時間の流れがあることは致し方もないでしょう。

2. ストーリー

　カナダで働く独身のキャリアウーマン，オドレイ（マリナ・ハンズ）は，久々に両親の住むフランスの小さな街，アルカシオンに帰って来ました。帰省したオドレイを迎えたのは，柔らかな太陽の光と水色に輝く海。久しぶりの両親との再会を楽しみにしていたのですが，暖かく迎えてくれる父とは対照的に，自宅で診療所を開業している医師である母，マルティーヌ（カトリーヌ・ドヌーヴ）との関係は，どこかぎこちない。昔から，母マルティーヌとは折り合いが悪く，気持ちがお互いにうまく伝わらないのです。結局オドレイは仕事を理由に，診療所を併設している人の出入りの多い実家ではなく，今は誰も住んでいない海辺に建つ祖父の家で2週間の休暇を過ごすことにしました。実はオドレイは，結婚するつもりのない男性の子どもを妊娠していて，母親になる自信もなければ，子育てで仕事を犠牲にしたくもないため，子どもを産むかどうかという悩みを抱えています。

　そんなある日，オドレイは祖父の家のキッチンの戸棚の隙間から，1冊の古い日記を見つけます。それは，50年前に突然姿を消した祖母ルイーズ（マリ・ジョゼ・クローズ）のものでした。日記には，家族のために作ったレシピ，子どもたちへの愛，そして妻として母として過ごす日々への苦悩と葛藤が綴られていました。ルイーズは，なぜ愛する子どもたちに何も告げずに，突然家族のもとを去ったのでしょうか。

　幼い日に突然母が家からいなくなってしまったマルティーヌは，その母ルイーズが望んだように医者として自立します。理解のある夫との結婚生活も順調ですが，母に見捨てられたという記憶のため

に娘との関係がうまく築けません。母についての記憶も封印しています。オドレイは，そのマルティーヌのために祖母のレシピとおりの料理を作り，祖父の家に両親を招待します。次第に母と娘の気持ちが近づき，祖母についての記憶が語られるようになり，その失踪の謎が明らかになっていきます……。

　祖母ルイーズが裕福な仕立て屋の妻として，夫にとっては貞淑な妻，2人の子どもたちにとっては良き母としての人生を生きていたのは1950年代。人にうらやまれるような生活でしたが，その人生はルイーズにとって満足できるものではありませんでした。ルイーズは夫にさまざまな提案―自分が仕事を持つこと，あるいは夫の店で顧客のための相談相手を務めること等―を試みるのですが，夫はまったくとりあってくれません。1950年代のフランスでは，女性の生き方は妻・母に閉じ込められていたし，ルイーズのような悩みは理解されないことが一般的であったのです。あまり豊かではない家に育ち，美しいけれども教育を受けたわけでもないルイーズにとってはなおさらのことでした（裕福な夫との結婚は，周囲の人には「玉の輿」と思われていたようです）。

　望みがかなえられないと悟ったルイーズは，家を出ていくことを決心し，そのための準備を周到に始めます。娘には，仕事を持つこと，教育を受けることが大事であることを言い聞かせること，口実を設けて夫に自分の銀行口座を作らせること等々です。しかしそれが実行に移される直前に，夫にバレてしまいます。車を買うからという名目で銀行から現金を下ろしたことが夫に知られてしまったからです。では，ルイーズはどこに消えたのでしょうか？マルティーヌの封印されていた記憶が，その恐ろしい秘密を明らかにします

……。では，ルイーズが苦悩したという1950年代とは，どういう時代だったのでしょうか。

3. 1968年の5月革命

フランスというと，男女関係をはじめとして，何かと「ススンでいる」といったイメージがありますが，それは1968年の5月革命以降の話。それ以前のフランスは，まだ古い時代の名残を色濃く残した社会でした。カトリック教会もまだまだ強い力で各地を支配していたし，社会はより硬直していて権威主義的でした。家族には家父長制が根強く残っていました。シモーヌ・ド・ボーヴォワールの『第二の性』がフランスで出版されたのが1949年。「女に生まれるのではない，女になるのだ」という名言に代表されるように，女性性は宿命ではなく，社会的・文化的に構築されたものだという告発がなされましたが，女性解放運動によって社会的な変化がもたらされるのは，1968年の5月革命を待たなければなりませんでした。

では，1968年の5月革命とは何だったのでしょうか。もともとの発端は，パリの西部，ナンテールの学生寮をめぐる騒動でした。夜間，女子学生寮に男子が入り込むのは御法度の時代，そんな規則に反発して学生たちが立ち上がった学生運動でしたが，ベトナム反戦の動きとリンクして労働者の間にも広がり，これを発端に長いこと抑圧されていた不満があちこちで爆発し，みるみる全国に波及していったのです。フランス全土で約1千万人がストに突入し，国の機能は完全にマヒしたのです。

5月革命当時，フランスはド・ゴール大統領を頂点に戴く強い父権社会でした。ド・ゴール将軍は，フランスをナチス・ドイツから解

放した英雄であり，戦後，大統領の権限を強化して，第5共和制下でフランスの発展を導いた，まさに国家の「父」でした。5月革命は，この「父」から派生するすべてのシステムと，当時の人々の自由な発想を縛っていた社会のモラルを打ち砕こうとする動きだったのです。翌年，ド・ゴールは退陣に追い込まれ，議会解散・総選挙により事態は収拾されましたが，労働者の団結権，特に高等教育機関の位階制度の見直しと民主化，学生による大学の自治権の承認等が認められました。また，5月革命は政治的側面のみならず，「フリーセックス」「自由恋愛」に代表されるような，「古い価値観を打破する20世紀のルネッサンス運動」でもありました。18世紀末のフランス革命が国家という器をひっくり返し王制を粉砕したものだとしたら，1968年の5月革命は，社会のモラルをひっくり返したものだといわれるゆえんです。フランスのフェミニズムはこれ以降進展するのですが，ルイーズが生きた1950年代とは，このような5月革命以前の時代であったのです。

4. その後の進展

　近年の「ススンでいる」といわれるフランス社会の変化とは，5月革命以降に起こった変化です。その変化の一つは，女性が大量に社会進出したことです。1962年には41.5％だった女性の労働力率は，98年には78.7％に達し，2000年代に入ると80％を超えました。もう一つの変化は，結婚や生活の仕方が大きく変わったことです。5月革命以降にさまざまな法改正が進められたからです。特に1975年は，大きな変化がもたらされた年となりました。人工妊娠中絶が合法化され，経口避妊薬（ピル）に健康保険が適用されるようになりました。

また同年には，民法が改正されて協議離婚が認められました。

人工妊娠中絶に関して言及すると，当時は闇中絶で命を落とす女性たちも多く，妊娠中絶を合法化することは当時の女性たちの大きな課題でした。人工妊娠中絶を求める運動のひとつとして，1971年に343人の女性が「私は人工妊娠中絶をしました」という声明書に署名した運動がありました。343人のなかには，女優のジャンヌ・モロー，作家のフランソワーズ・サガン，マルグリット・デュラス，シモーヌ・ド・ボーヴォワールの名前がありましたが，カトリーヌ・ドヌーヴの名前もあったことを付け加えておきましょう。

1975年に人工妊娠中絶法が成立した経過とは，1974年の大統領選挙で「個人の自由の拡大」や女性問題に取り組むことを訴えたジスカール＝デスタンが女性票を集めて当選したこと，そしてその新大統領のもとで，女性のシモーヌ・ヴェイユ厚生大臣が中絶を認める法案を議会に提出したことにより成立しました。ゆえに中絶法は，ヴェイユ法とも呼ばれています。

その後に進展した，結婚や生活の仕方についての変化にも触れておきましょう。近年になると，一緒に暮らし，子どもができても結婚という形を取らないカップルが増えました。婚外子については，既に1972年に，嫡出子との法的平等が認められましたが，2006年には出生数全体の半数を超しました。「ユニオン・リーブル」といわれる，内縁または事実婚というスタイルは，社会的に認められた一般的な生活の仕方となりました。

さらに結婚については，1999年から，「パックス（PACS：連帯民事協約）」という新たな方式が加わりました。結婚に準ずる結びつきで，日本の簡易裁判所にあたる小審裁判所に届け出をすれば，課税や社

会保険，相続で，カップルとして一定の保護を受けられるという制度です。共同生活にピリオドを打ちたくなっても，解消する手続きは結婚よりも簡単です。結婚と違い，パックスは同性愛カップルにも門戸が開かれています。

5. なぜフランスでは出生率が高いのか―「フランス型福祉国家」の挑戦

　近年，フランスはしばしば人々の耳目を集める国として注目されています。上記した「パックス」のような新しい制度を導入したこともそのひとつですが，出生率が回復した国としても注目されています。フランスの出生率は1.92（2017年）。子育て支援先進国として注目されたスウェーデンを上回り，ヨーロッパではトップクラスです。少子化対策に力を入れている日本の同年の出生率が1.43であることと比べても非常に高い。

　しかしフランスの出生率が，ずっと継続して高かったわけではありません。多くの国と同様に，1970年代からずっと低下し続けました。第2次世界大戦後，ベビーブームを迎えて出生率が急激に上昇し，その後，穏やかに下降し続けたことはどこの国も同様でした。しかし，フランスやスウェーデンはその後に回復傾向を示します。フランスは，1990年代に入ると回復し，特に90年代後半から上昇に転じたのです。2006年には2.0の大台に達しました。

　出生率が回復した国（高い国）に共通している特徴は，女性の労働力率が高いこと，そして婚外子が多いことです。フランスでもかつては女性は子育てで仕事を辞め，労働力率はM字型のカーブを描いていましたが，1980年代にはくぼみがなくなり，今ではゆるやか

な台形です。つまり，フランスの出生率が上昇した理由をまとめると，次の3つになります。

① 家族手当等により，所得格差が小さいこと（教育費が無料のことも含みます。3歳から大学卒業まで，公立学校に通うなら無料です）。

② 職場における男女格差が小さいために，女性だけが仕事か子育てかの2者択一を迫られることがないこと。つまり，女性が子どもと仕事を両立できること。

③「週35時間」にあらわされるように労働時間が短いために，男女ともに育児や家事に参加できること（1981年に，有給休暇が5週となり，2000年に法定労働時間が週39時間から35時間に短縮されました）。特に男性の育児参加が可能なこと。

出生率が上昇しない日本の場合と比較すると，婚外子の割合が低いことは論ずるまでもないのですが，①はともかく，②と③が，かなり異なります。つまり日本では，家族手当や保育制度は，フランスと比べてもそれほど遜色ないのですが，職場における男女格差が大きいこと，労働時間が長いことは大きな違いです。つまり働く環境，生活の仕方，ワーク・ライフ・バランスがいかに保てるかが，両国の出生率の違いとなっているのです。マクロン大統領がどんなに忙しくても，家族と過ごす週末やバカンスを犠牲にしてはいないはず。このような「フランス式」の生活の仕方とは，企業社会に絡め取られがちな日本においては，参考にすべき「ススンでいる」方式といえるのではないでしょうか。

（ソフトガレージ，2009年）

〈参考文献〉

「隠された日記」公式ホームページ

  http://www.alcine-terran.com/diary/ （2010 年 6 月 1 日アクセス）

「シネマチャート」『週刊文春』20011 年 1 月 20 日号

浅野素女『フランス家族事情』岩波新書，1995 年

浅野素女『フランス父親事情』築地書館，2007 年

牧陽子『産める国フランスの子育て事情』明石書店，2008 年

横田増生『フランスの子育てが，日本よりも 10 倍楽な理由』洋泉社，
  2009 年

映画評

『オレンジと太陽』が描く，イギリスの児童移民政策を明らかにするソーシャルワーカーの戦い

1. 監督・原作・経過

　『オレンジと太陽』は，2011年にイギリスで制作され，2012年に日本で公開された映画です。イギリスの児童養護施設の子どもたちが，オーストラリアなどの英連邦諸国（カナダ，ニュージーランド，ジンバブエも移送先になったという記録もあります）へ送られたという児童移民政策を主題とした映画です。ほとんど一般には知られていないこの出来事を広く知らしめることになった映画であり，告発の映画ともいえます。

　映画の元となった原作は，児童移民の実態を知り，実際に社会に告発し続けたソーシャルワーカー，マーガレット・ハンフリーズの著書『からのゆりかご—大英帝国の迷い子たち』（原著は1994年，邦訳は近代文藝社より2012年）。演じるのは，新作『戦火の馬』も話題となった演技派女優エミリー・ワトソン。今回初のメガホンを取ったのは，イギリスを代表する巨匠ケン・ローチの息子，ジム・ローチ。これまでテレビの演出家としてドラマやドキュメンタリー作品を多数制作し，本作が初監督作品となったジム・ローチは，インタビューのなかで本作を監督するに至った経過を以下のように語っています。

　10年ほど前，地下鉄に乗って新聞を読んでいた時に，たまたま児

童移民に関する記事が載っていたんです。私は，自分がまったく知らなかった事実に衝撃を受け，すぐさまマーガレットの書いた本を買って読みました。そして，マーガレットと連絡をとり，彼女の住むノッティンガムという街に会いに行ったのです。はじめは彼女に対し，少し近寄りがたい印象を抱きました。彼女は，エンターテインメント業界に対して不信感を抱いており，映画化に乗り気でなかったのは確かです。マーガレットには脚本をじっくり読んでもらって，少しずつ信頼関係を築いていきました。マーガレットをはじめ，児童移民の"当事者"たちとたくさん会い，彼らと多くの時間を過ごしました。その結果，マーガレットの物語を撮らせてもらえることになったのです。マーガレットは「児童移民や私自身の経験をとても誠実に描いてくれた」と言ってくれました。この作品を"当事者"たちに観てもらうため，オーストラリアで上映会を開いたのですが，とても良い反応が得られました。彼らも，ポジティブな気持ちでこの作品を観てくれたように思います。上映前は，彼らがどんな反応を示すだろうかと心配で緊張もしましたが，彼らの様子を見て，私は祝福されたような気持ちになりました。

本映画が告発する児童移民政策とは，19世紀からはじまって1970年まで続いたイギリスの政策で，その間におよそ13万人もの子どもたちが家族から，そして祖国から切り離され，突如見ず知らずの国に放り出されたのです。強制移送先では，確かな保護などなく，多くの子どもたちは安い労働力としてこき使われ，身体的，心理的，性的虐待を受けるなど，過酷な環境に置かれました。このようなこ

とが組織的に，しかも教会団体や児童支援団体が主軸となり，英国政府とオーストラリア政府の合意のもとで実施されていたのです。これらの事実は長く隠されてきましたが，2009年にようやくオーストラリア政府が，2010年にはイギリス政府が正式にそれを認めて謝罪しました。

これらの謝罪が行われたのは本作の撮影中のことであり，それもあって本作は，特にイギリスやオーストラリアでは公開前から大きな注目を集めました。公開されると，特に現在も児童移民が多く暮らすオーストラリアでは，ハリウッドのメジャー作品に劣らない大ヒットとなりました。

2. ストーリー

時は1986年，ところはイギリスのノッティンガム市。市のソーシャルワーカーであるマーガレット・ハンフリーズは，2人の子どもを持つ40代の母親であり，夫のマーヴィンも同じソーシャルワーカーとして働いています。社会保障に携わる部局のなかでも，子どもと家庭に関わる仕事を担当していたマーガレットは，養子に出された人の問題に関心を持つようになります。1975年の法改正によって，養子に出された子どもが成人に達した時点で自分の出生証明書を見る権利が開かれたため，それまで失われていたアイデンティティが求められるようになり，それは新たなジレンマももたらしたからです。多くのソーシャルワーカーは，必要な訓練も受けず，この課題に対応していかなければならなくなりました。1984年にマーガレットは，この問題に対応するための小さなプロジェクトを設立します。人々が集まって，それぞれ違う視点から養子の経験を話し合うのは有益

なことだと考えたからです。マーガレットはこの活動を「トライアングル」―養子にかかわった3者（生みの親，育ての親，子ども時代に養子に出された今の成人）に開かれたサービスを意味して―と名付けました。果たして連絡してくる人がいるかどうかもわからないまま，地方紙に小さな広告を出し，片手にのるほどの手紙が来て，職務上のプロジェクトではないために勤務時間外に，他の団体と共同で借りた建物の屋根裏部屋を使って2週間に1度の会合を持つことを始めたのです。

　この会合のなかでマーガレットは，オーストラリアから来た一人の女性，シャーロットからある訴えを聞かされます。「自分はある児童養護施設にいた4歳のころ船に乗せられ，オーストラリアに送られた。船には，親も保護者もなく，また養子縁組でもなく単に子どもがたくさん乗っていた。私は自分が誰なのか知りたい」と言うのです。マーガレットは初めは信じられませんでした。シャーロットは養女として受け入れられたか，あるいは誰か保護者が付いて，この国のどこかの港から出て行ったに違いない。しかしその後，他の女性からも，同じく船に乗せられたという弟，ジャックからの手紙「たぶん，僕はあなたの弟です」を見せられ，半信半疑ながら調査を始めます。すると信じられないような事実が次々に浮かび上がってきました。死んだはずのシャーロットの母は生存しており，驚くことに母は娘がイギリスの養父母にもらわれたと信じていました。マーガレットは，シャーロットと実母の再会をとりもちます。英国とオーストラリアを結ぶ2つの線が一挙に結びつき，「強制児童移民」という仮説が生まれます。マーガレットはその仮説を確かめるために，オーストラリア大使館や公文書館に足を運びます。観客は，マー

ガレットと共に少しずつ真実を知っていきます……。

　ついにマーガレットは，オーストラリアに赴きます。そして19世紀から，政府や慈善団体が主となって，イギリスの子どもたちを植民地に移送してきた事実があること，オーストラリアには，ジャックと同じように家族を探したいと願っている人たちがたくさんいることを突き止めます。マーガレットは市の上役である社会福祉委員の協力を得て，2年という調査期間と資金，および夫マーヴィンの協力を得て，この問題に専念する体制を整えて，精力的な活動を始めます。マーガレットのイギリスとオーストラリアの行き来が始まります。マーガレットは，移送後さまざまな辛い人生を送ってきた人々と出会い，その人々の信頼と協力を得てさらに活動を広げます。レンもその一人。オーストラリアのクリスチャン・ブラザーズ児童福祉施設のひとつである「ビンドウーン」に移送された後，事業を起こして成功したレンは，初めはマーガレットに冷ややかでしたが，レンの母親探しを通じて次第に心を開き，マーガレットのオーストラリアでの活動を全面的に支え，自分のかつての移送先であった「ビンドウーン」へ彼女を連れて行きます。

　一方，マーガレットの活動は児童移民に深く関わっていた慈善団体や教会の立場を悪くするものであったことから，彼女は言われなき中傷や脅迫を受けることとなります。脅迫電話が頻繁にかかり，彼女の活動を妨害するさまざまな嫌がらせが行われます。オーストラリアの宿泊所の窓が深夜に叩かれ，何者かに襲われそうにもなりました。また，被害者の悲惨な体験を聞き続け，彼らの気持ちに寄り添い過ぎたために，心的外傷後ストレス障害に陥ってしまいます。それでもマーガレットは夫に支えられ，そして彼女に救われた被害

者たちの励ましを受け，今は成長した移送児童の家族探しに奔走するのです。家に居てほしいという家族の願いを知りながらも，再びオーストラリアに戻って行くのです。映画の最後に，マーガレットの家族がオーストラリアでクリスマスを過ごすシーンが出てきます。活動資金を募るための福引きが行われ，マーガレットの仕事仲間が12歳の息子に，「（福引きのために）何を出してくれるのかな？」と聞くと，「僕はもうママをあげているよ」と答えるのです。

3. イギリスのソーシャルワーカーとは

　上記したように，家族の願いと使命感のジレンマに悩みながらもソーシャルワーカーとしての仕事に邁進するマーガレットですが，イギリスにおけるソーシャルワーカーの資格とはどうなっているのでしょうか。イギリスにおける近年の資格の整備は，1968年のシーボーム報告（地方自治体の対人サービス部門の組織，つまりヒューマンパワーの養成と確保の改革を目指したもの）により進められました。同報告を受けて1970年に地方当局社会サービス法が成立し，各地域に社会サービス部が設置され，これに伴って資格が明記されました。1971年に中央ソーシャルワーク研修協議会（CCETSW）が設立され，以降，同協議会が資格制度をリードします。1972年にソーシャルワーク認定資格（CQSW）が，1975年に施設職員のための社会サービス認定資格（CSS）が創設されましたが，いずれも同協会が認定したコースを修了することにより与えられます。その後，改革案として，1987年に両者を統合するディプロマ・イン・ソーシャルワーク（Qualifying Diploma in Social Work：QDSW）が提起されましたが，現在でも完全に統一されているわけではないようです。さまざまな資

格が並立しているのが現状です。日本では，1987年の社会福祉士・介護福祉士法（2007年に改正）により，社会福祉士・介護福祉士は国家試験によって統一的に国家基準によって資格取得されるようになりましたが，そのような国家試験があるわけではありません。これはイギリスだけではなく，アメリカも同様であり，資格を管轄するのは国ではなく，業界団体が自ら管轄するという点では共通です。アメリカの場合は，1952年に設立された全米社会福祉教育協議会（CSWE）が，養成課程の認定，カリキュラム基準設定に全面的な権限を持っています。ソーシャルワーカーは，認可された社会福祉大学院を修了後，所定の現場実践を行った後，資格（MSW）が取得されました。このようにソーシャルワーカーになるには修士号取得が前提条件であったものが，1974年にCSWEが，学卒者も専門職（BSW）と認定しました。このため現在ではMSW，BSWともに専門職として認められていますが，しかし現在でも，MSWがソーシャルワーカーの主流であることは変わりません。

　原著によるとマーガレットは，将来の職業についての明確な計画を持つまでには，それなりの時間が必要だったこと，20代を過ごす間に気持ちが安定し，社会福祉の仕事に就くことに心を決めることができた，と書いています。それにはいくつかの選択の道があり，例えばノッティンガム市役所児童局で実習生として働いた後，大学で職業訓練を受けることもできたため，20代も終わり頃には資格が取れた，と書いています。1944年生まれのマーガレットの学生時代には，上記した資格制度は整っていなかったでしょうから，20代の終わり頃になって創設されたCQSWを取得したと推察できます。

4. 児童移民政策の目的とその後

　児童移民とは，児童養護施設の子どもたちをイギリス連邦の旧植民地に移住させた長期間にわたる事業のことで，送り手であるイギリスと受け入れ国によって計画的に行われた社会政策であったことが今日では明らかにされています。19世紀から始まった児童移民は，戦後の時期には，カナダ，ニュージーランド，ジンバブエ（旧ローデシア）とオーストラリアへと送られ，1970年まで続きました。児童移民の数は13万人を上回ると推計されています。年齢は，3〜14歳が対象で，特に7〜10歳が主な年齢層だったようです。作中描かれているように，オーストラリアでは収容施設での重労働，暴力，性的虐待が行われたのですが，教会により長く隠蔽されてきました。2009年11月にオーストラリアのケヴィン・ラッド首相が，2010年2月にイギリスのゴードン・ブラウン首相が事実を認め，正式な謝罪を行ったことで世界的な大ニュースとなりました。

　なぜ，このような大規模な児童移民が，長期間にわたって行われたのでしょうか。映画では，このような児童移民が行われた理由は明示されていません。唯一「オーストラリア政府も白人の移民を歓迎した」という一言があります。人減らしを狙う英国と，旧植民地の新興国で労働者不足を補いたい，特に白人が欲しいオーストラリア政府との双方の思惑が一致したことを示唆しています。

　児童移民の動機としては，受け入れ国によってさまざまな具体的な理由があったのですが，そのどれもが，子どもたち自身を最優先事項とはしていなかったことでは共通しています。カナダの農場では便利な安い労働力として，オーストラリアでは戦後の人口を押し上げる手段として，旧ローデシアでは白人の経営エリートを保護す

る方法として見なされました。また身体障害のある子どもや黒人の子どもたちなどは国が受け入れず，特定のグループは除外されました。この計画の動機のひとつには，大英帝国の民族的統一の維持という意味合いがあったからでしょう。子どもたちは，「オーストラリアには太陽とオレンジが待っていると言われた」というくだりが映画にありますが（映画の題名もそこから来ています），実際に待っていたのは，太陽とオレンジではなかったのです。

　一般的によく知られているように，オーストラリアはそもそもイギリスの植民地となり，その後，流刑者たちを移民させたところから歴史が始まります。ヨーロッパからすれば，非常に遠い，アジア圏内にあるこの国は未知数ではあるものの，まわりのアジア環境を考慮するがゆえ，植民地としてヨーロッパ文化を浸透させるべく，1900年代から「白豪主義」としてのさまざまな政策がとられるようになりました。基本，先住民アボリジニを下に見て，自分たちの白人文化によって国を統制するために，アボリジニとの混血児を強制的に家族から離し，白人的教育を強制的にうけさせる政策をとりました。別政策として，今回の映画になった児童移民政策です。英国政府が主導し，教会や慈善団体などが中心となって，子どもを組織的にオーストラリアへ移民させたのです。時は，上記のアボリジニに対する政策とほぼ重なっています。つまり，どちらも「白豪主義」を推進するべく，将来を担う子どもたちを増加させ，オーストラリアにおける白人化を進めたのです。特に，オーストラリアはヨーロッパと異なり島国であるという点，そして何よりもアジア圏にあり，ヨーロッパからみれば，白人化するには外から流入することで増やす，ということしか考えにくかったのでしょう。

「白豪主義」は多くの批判を受けて1973年を機に終結します。この後は，世界大戦後のアジア難民大量受け入れへ急速にシフトし，今までの名誉挽回というべきほど，多文化主義へ政策変更していきます。この児童移民の事実がずっと封印されてきたことこそ，特にアボリジニの同化政策以上に封印されてきたことは，オーストラリアとイギリス両国にとって，知られたくなかった事実であったことを痛感させられます。

　上記の記述はあまり日本には関わりがないようですが，原作である『からのゆりかご』には，次の記述があります。「日本のシンガポール占領とダーウィン爆撃がオーストラリアにかくも広大な大陸を守るだけの方策も人口もないという恐怖感を募らせてしまったのだ。入植がこの問題に対する解答だった」。1942年2月，イギリス陸軍は日本陸軍に敗北し，シンガポールは陥落。多くのオーストラリア兵も捕虜となりました。同年2月から43年11月まで，日本海軍および日本陸軍はオーストラリア本土も空襲。この時の記憶から45年の戦争終結後もオーストラリアではアジアからの防護が叫ばれ，そのために白人の入植を政策とし，イギリスからの児童移民が促進されたという見解を紹介しています。日本も歴史的に見れば，児童移民政策に全く無関係とは言えないようです。

　隠蔽されていた事実は明らかにされたけれども，問題が全面的に解決したわけではありません。マーガレットの戦いは現在も続いています。マーガレットは原作の印税をもとに，1987年に「児童移民トラスト」を設立しました。児童移民トラストは，オーストラリアとイギリス両国に登録されたチャリティー団体で，イギリスのノッティンガム，オーストラリアのパースとメルボルンにオフィス

を置き，元移民と彼らの家族に情報を提供し，家族の再会を含む社会福祉サービスを提供しています。現在，マーガレット・ハンフリーズは児童移民トラストのディレクターを，夫のマーヴィン・ハンフリーズはプロジェクト査定者を務めています。私も今回，「児童移民トラスト」のサイトを詳しく見てみましたが，その歴史と事実は詳細にわたり記載されていて，その壮絶な長い歴史を改めて認識しました。

（角川書店，2012年）

〈参考文献〉
マーガレット・ハンフリーズ著，都留信夫・都留敬子訳『からのゆりかご―大英帝国の迷い子たち』近代文藝社，2012年
「オレンジと太陽」公式ホームページ
　http://oranges-movie.com/（2014年10月1日アクセス）
児童移民トラストホームページ
　www.childmigrantstrust.com（2014年10月1日アクセス）

『砂の器』ハンセン病をめぐる差別と排除の長い歴史

1. 映画のストーリー

1971年6月に，国鉄（当時）蒲田駅の操車場内で顔をつぶされた撲殺死体が発見されました。被害者は，60歳代とみられる男性ですが，身元がわからずに捜査は難航します。警視庁のベテラン刑事今西（丹波哲郎）と地元署の若手刑事吉村（森田健作）がコンビを組んで聞き込みをした結果，被害者は当夜遅く，若い男性と駅近くのトリスバーで酒を飲んでいたことが判明しました。親しげに話していた2人の会話のうち，バーの従業員が耳にした会話は，被害者が発した「カメダはかわらない……」「カメダは相変わらずだ……」という東北弁のようななまりのある言葉だけでした。カメダという人名が捜索の対象となったが手がかりはなく，また，東北地方の地名ではないかとも推測され，2人の刑事は秋田県の「羽後亀田」まで捜索に出かけたのですが何の手がかりもなく，事件は膠着状態に陥ります。

しかし，8月になると事件は新たな展開を見せます。ひとつは被害者の身元がわかったこと。被害者は，岡山県に住む雑貨商三木謙一（緒方拳）といい，6月にお伊勢参りに出かけたまま行方知れずになり，家族が心配して捜索願いを出したことから判明しました。もうひとつの展開は，今西の調べにより，東北弁のズーズー弁のような発語をする地域は東北以外にもあること，奥出雲地方がそれであり，島根県には亀嵩（カメダケ）という地名が存在することが判明します。

被害者の三木は，岡山県に来る前はその亀嵩地域で20年間巡査をしていたのです。事件の鍵は，島根県の亀嵩にあると思われます。

　島根県の亀嵩に出かけた今西は，三木元巡査の当時の評判を追います。彼が殺害された動機は，この亀嵩時代にあるに違いないと確信したからです。しかしいくら聞き込みをしても，三木元巡査が殺害されるような動機や事件には遭遇しません。三木元巡査は人情に厚い巡査であり，恨みを抱いている人などはどこにも見当たらず，むしろ彼の世話になった人が大勢いるのです。なかでも村の古老から聞いた，父子2人連れの乞食を助けた話が今西の心に残ります。三木は病気の父を療養所に入れ，残された子どもを自分の養子にしようとしたのですが，子どもは父を慕ってか，あるいは放浪生活が身についていたためか，家出をして行方をくらましてしまったというのです。

　東京に残った吉村の方にも進展がありました。吉村は，三木を撲殺したのなら，加害者の衣類には多量の血痕が付着したはずで，その衣類の行方を捜し続けたのです。新聞のエッセイ欄にあった「紙吹雪の女」というエッセイ―中央線の車窓から，大量の紙吹雪を巻いていた若い女性を目撃したという詩的な文章―に目を止めた彼は，紙吹雪がシャツの断片であったかもしれないと思いつき，エッセイの著者に会い，その若い女性を突き止めました。銀座のバーのホステスをしているその女性，高木りえ子は，吉村の聞き込みを受けると，姿をくらましてしまいます。その高木りえ子を調べることにより，彼女の恋人である，和賀英良（加藤剛）という新進音楽家に辿り着きます。和賀は，大阪の空襲で両親を亡くした後，苦学して成功した天才ピアニスト・作曲家で，目下「宿命」という名の新曲の演

奏会を目前にしていて，それが成功すれば，さらなる栄光と有力政治家の娘との結婚が約束されています……。

2. 松本清張の原作

松本清張は，時代小説，推理小説，評伝等さまざまな分野にわたる膨大な作品を残していますが，代表的な分野として，「戦後の闇の日本史」をテーマにした小説ををあげることには多くの人が賛同するでしょう。そのなかでも傑作のひとつとされているのが本映画の原作です。映画の原作は，1960年5月から1961年4月にかけて『読売新聞』夕刊に連載され，同年12月に光文社（カッパ・ノベルス）から刊行された長編サスペンス小説です。松本清張の小説はいくつも映画化されていますが，1974年に映画化された本作は，特に傑作として高く評価されています。第29回毎日映画コンクール大賞，脚本賞（橋本忍・山田洋次），監督賞（野村芳太郎），および音楽賞（芥川也寸志・菅野光亮）を，キネマ旬報賞の脚本賞（橋本忍・山田洋次）を，また1974年度ゴールデンアロー賞作品賞，ゴールデングローブ賞特別賞，モスクワ国際映画祭審査員特別賞および作曲家同盟賞をそれぞれ受賞しました。

映画は原作にかなり忠実ですが，いくつか異なる点もあります。そのひとつは時代設定です。原作では時代設定を新聞連載時（1960年）としていますが，映画では映画化された直近の1971年に殺人事件が起こったと設定しています。そのため，映画の方が原作よりも「現代化」しています。例えば，今西・吉村刑事が利用した列車は時代にあわせて変えられています。亀嵩へ向かう際，原作では東京発の夜行列車で1日かけてもたどり着かなかったのですが，映画では

新幹線と特急を乗り継いで向かいます。また映画では，映画音楽監督の芥川也寸志の協力を得ながら菅野光亮によって作曲された「宿命」が効果的に使われていますが，もちろんこれは原作にはなかった設定です。映画のなかで和賀は，過去に背負った暗い運命を音楽で乗り越えるべく，ピアノ協奏曲「宿命」を作曲・初演します。物語のクライマックスとなる捜査会議（事件の犯人を和賀と断定し，逮捕状を請求する）のシーン，和賀の指揮によるコンサート会場での演奏シーン，和賀の脳裏をよぎるお遍路姿で父と村々をさまよう回想シーンにほぼ全曲が使われて，劇的効果をもたらします。松本清張も「小説では絶対に表現できない」とこの構成を高く評価したそうです。

　ちなみに，映画化された際に舞台となった亀嵩駅（現・JR西日本の木次線）はかなり注目を集めたそうです。それをうけて亀嵩駅の東約3キロ，湯野神社の脇に記念碑が建立され，亀嵩観光文化協会と砂の器記念碑建設実行委員会が1983年に除幕式をおこないました。もちろん今でもその記念碑は存在します。

3. 捜査の進展と結末

　捜査はやがて，本浦秀夫という一人の男にたどり着きます。秀夫は，石川県の寒村に生まれたのですが，父・千代吉の病気のために母が去り，やがて村を追われ，やむなく父と2人でお遍路姿で放浪の旅を続けます。秀夫が7歳のときに，父子は島根県の亀嵩に到達し，善良な巡査・三木謙一に保護されました。三木は千代吉を療養所に入れ，秀夫はとりあえず手元に置きますが，秀夫はすぐに三木の元を逃げ出し姿を消してしまいます。大阪まで逃れた秀夫は，お

そらく誰かのもとで育てられたか，あるいは奉公していたものと思われます。その後，大阪が空襲に遭い，住民の戸籍が原本・副本ともに焼失してしまいます。そのとき18歳の秀夫は戸籍の焼失に乗じて，当時の奉公先であった和賀英蔵・キミ子夫妻の長男・和賀英良として新たな戸籍を作成しました。本浦秀夫は消失し，新たに和賀英良が誕生したのです。

　既に巡査を引退していた三木は念願のお伊勢参りに出かけるのですが，その旅先の映画館にかけられた地元選出の代議士一家の写真のなかに，その娘の婚約者として写っている和賀英良（本浦秀夫）を見つけます。急遽東京へやってきた三木に呼び出された和賀は，過去の秘密が明らかになることを恐れ，三木を殺害したのです。恩人を殺してまでも和賀が守りたかった過去の秘密とは，父・千代吉の病気がハンセン病であったことでした。捜査会議において今西は，明らかになった三木の足跡，和賀の経歴，千代吉の病名を明らかにします。和賀英良が嘘で作り上げた栄光は，もろくも崩れていきます。まるで砂で作った器のように……。

　つまりこの映画（と原作）の鍵は，千代吉が当時不治の遺伝病であると考えられていたハンセン病であったこと，ハンセン病とは，恩人を殺害してまでも隠したい差別の元凶であったということです。映画は，ハンセン病を殺人の動機として設定しながら，同時にその差別の実態を告発しています。

　この映画の制作にあたって，「全国ハンセン氏病患者協議会」（のちの「全国ハンセン病療養所入所者協議会」）は，制作中止を要請したという経過があります。映画には，ハンセン病の患者である本浦千代吉と息子の秀夫が村々を放浪するシーンが登場しますが，それは「ハ

ンセン病患者は現在でも放浪生活を送らざるをえない惨めな存在」であるという誤解を与えるかもしれないし，その父親の存在を隠蔽するために殺人を犯すというストーリーは，ハンセン病差別を助長するかもしれない恐れがあるからです。しかし最終的には製作者側との話し合いによって決着し，映画のラストには以下のような字幕を流すことを条件に上映が決まりました。「ハンセン氏病は，医学の進歩により特効薬もあり，現在では完全に回復し，社会復帰が続いている。それを拒むものは，まだ根強く残っている非科学的な偏見と差別のみであり，本浦千代吉のような患者はもうどこにもいない」。

4. ハンセン病をめぐる政策史

　ハンセン病，またはハンセン氏病は，抗酸菌の一種であるらい菌によって引き起こされる感染症です。病名は1873年にらい菌を発見したノルウェー人医師アルマウェル・ハンセンの名に由来します。以前は「癩（らい）病」とも呼ばれていましたが，現在ではこの名称は差別的であるとして用いられません。感染はらい菌の経鼻・経気道的による感染経路が主流ですが，伝染力は非常に弱い。現在では治療法が確立しており，重篤な後遺症を残すことも自らが感染源になることもありません。しかし過去においては，「遺伝病」とされていたこと―感染力が非常に弱く，一般の感染症と違って急には悪化しないため，遺伝性の病気と間違えられていた―，適切な治療を受けない場合は皮膚に重度の病変が生じることがあるため，患者は古来から差別の対象とされてきました。ハンセン病をめぐる政策の歴史は，差別とそれにもとづく隔離政策の歴史でもあります。

　1907（明治40）年に公布された「癩予防ニ関スル件」が，患者の

隔離政策の始まりでした。しかしこの政策は，医療・公衆衛生の観点から成立した予防法ではなく，社会風俗を乱すハンセン病患者を取り締まるための治安立法が目的でした。いわゆる文明開化によって欧米諸国の仲間入りを果たすべき当時の日本にとって，神社・仏閣の門前で多くのらい病患者が参詣者に物乞いをするという光景は，放置されてはならない情景だったからです。1909年には，同法をもとにして，連合府県立病院として松丘，外島，大島，菊池，全生の5療養所が設立されました。

　1930年に内務省は，全員隔離・終生隔離による患者の絶滅を目指す『らいの根絶策』を策定します。この『らいの根絶策』にもとづき，1931年に「(旧)らい予防法」が制定されました。全患者を隔離の対象とし，患者は警察によって強制的に連行され，療養所に収容されたのです。そこではろくな治療は行われず，患者同士での看護・作業など病人扱いされず，また，結婚の条件として非合法な断種・堕胎なども行われました（1948年に成立した優生保護法においては，ハンセン病は遺伝疾患でないにもかかわらず適用疾患と記載され，人工妊娠中絶の対象となりました）。

　1941（昭和16）年，ハンセン病の特効薬プロミンが開発され，完治する病気になったにもかかわらず，1953（昭和28）年に「(新)らい予防法」が成立します。しかし，それは従来の癩予防法による強制隔離政策を踏襲するものであり，療養所の入所者に対する待遇は全く変わりませんでした。患者らは，療養所での作業放棄などの手法で法制定に激しく抵抗した記録が残っています。このような法が「効果」を発揮してか，1955年には療養所の「収容者」数が11,057人とピークとなりました。

「（新）らい予防法」成立から40年以上のち，「（旧）らい予防法」からすると65年後に転機は訪れます。既に諸外国では伝染を予防するための隔離政策がとられていないこと，日本においても実質的に隔離は有名無実になっていることから，1996年に当時の菅直人厚生大臣の決定により「らい予防法」が廃止されました。同時に，廃止措置の遅れを謝罪しました。法廃止当時の療養所在所患者数は約6,000人弱，平均年齢70歳超，7割以上の在所者が在所歴30年以上でした。

　1998年，元患者13名（のちに，この原告団の人数は127名に達する）が，国のハンセン病政策の転換が遅れたことなどの責任を問う，「『らい予防法』違憲国家賠償請求訴訟」を熊本地方裁判所に提訴しました。2001年5月11日，熊本地裁は国の隔離政策の継続は違憲であるとの判決を出しました。同5月23日，当時の首相である小泉純一郎は，全国にはすでに高齢の元患者らが数千人いるため，問題の早期・全面的な解決を図るべく，控訴を断念しました。これにより，国による隔離政策の違憲性が確定したのです。これを受けて国は，これまでのハンセン病政策に対する責任を認めて謝罪しました。6月22日に「ハンセン病補償法」が成立し，裁判に参加した元患者らには800万〜1,400万円の賠償金（補償金）が支払われました。

　現在では，全国13ヵ所の国立ハンセン病療養所と全国1ヵ所の私立ハンセン病療養所に，計1,094人（2020年5月1日現在）が入所しています。ほとんどがすでに治癒している元患者で，平均年齢は80歳を超えています。ほとんどの人が高齢と病気の後遺症による障害を持ち，また，かつて強制的に行われた断種手術，堕胎手術のために子どもがいない元患者が多いことから，介護を必要として療養所に

入所しているのが実情です。

5. TVドラマとしてリメイクされた『砂の器』

映画『砂の器』以降今日まで，『砂の器』はTVドラマとして計5回リメイクされています。1962年（TBS），1977年（フジ），1991年（テレビ朝日）に制作された3ドラマは，キャスト等はわかっているものの，内容を知る資料がありません。2004年（TBS.）と2011年（テレビ朝日）の2ドラマについては，番組のホームページがあり，DVDが発売されているために詳細を知ることができます。そこでここでは，直近の2ドラマだけを取り上げて，映画との比較考察をしてみることにします。

〈原作・映画・ドラマの時代設定〉

比較の論点のひとつは，殺人の動機となった隠したい「秘密」です。映画（原作）では，それはハンセン病なのですが，2ドラマともにその「秘密」は別の事情に変えられています。ウィキペディアによると，松本清張の著作権継承者である家族からの原作使用の条件が「ハンセン病を他のエピソードに変えること」であったと書かれていますが，出典は不明です。しかしそのような事情があったであろうこと，また「らい予防法」も廃止された後でもあり，ハンセン病をめぐる時代の変化からも設定を変える必要があったであろうことは推測できます。では，直近の2ドラマはどのような「秘密」を新たに設定したのでしょうか。ちなみに，それ以前に作成された3ドラマでは，（確認はできないのですが）「秘密」は原作と同じハンセン病，または精神疾患として描かれていたようです。

2004年のTBS制作ドラマは，和賀英良を中居正広が演じた，和賀英良の視点から描かれた11回の連続ドラマです。ベテラン刑事の今西を渡辺謙が演じました。平均視聴率が19.6％，最高視聴率が26.3％ですから，ヒットドラマといえるでしょう。このドラマでは，殺人事件が起きたのが2004年と，放映時の2004年という時代設定にされているので，映画と比べるとさまざまな変更点が見られます。ハンセン病を理由としなかったのも時代設定との整合性の影響ですし，和賀の戸籍偽造についても，当時孤児院にいた秀夫の同級生が1982年の長崎大水害で一家全員が亡くなったため，その機会に乗じて和賀英良の名を名乗ったとされています。

　父子が村を追われて放浪する理由としては，父・本浦千代吉が，集落の中で唯一ダム工事の住民投票に賛成票を投じたといういわれなき理由で村八分にされた結果，妻が誰にも助けてもらえないまま病死するに至ったことに憤怒し，村中の家に放火，30人を殺害したため，という設定にされています。1938年（昭和13年）に岡山県で起こった津山30人殺し（津山事件），2000年前後からたびたび取り上げられている熊本県の川辺川ダムをめぐる反対運動を資料としたようです。

　2011年のテレビ朝日制作ドラマは，二夜連続の単発ドラマです。若手刑事吉村の視点で描かれ，吉村刑事を玉木宏，和賀英良を佐々木蔵之介が演じました。このドラマでは，殺人事件が起こったのが1960（昭和34）年と，原作と同じ時代設定になっています。ゆえにドラマはあえて昭和の雰囲気たっぷりのなかで展開されますが，といって原作に忠実というわけでもなく，原作にないオリジナルキャストを加えていたり，2004年版同様に「秘密」の理由を変更してい

ます。本ドラマの新設定は，本浦千代吉が一家惨殺容疑で逮捕され，証拠不十分で釈放されたものの，村人たちからの疑惑の目に耐え切れず息子・秀夫を連れて放浪の旅に出た，という設定です。

　つまりこれら2つのドラマでは，殺人を犯してまでも守りたい「秘密」が，ハンセン病から「殺人」に変更されています。「秘密」とは，それぞれの時代の社会が持っている差別の根源に関わるものであり，各ドラマはそれを「殺人」と設定したのでしょう。しかし，（原作当時の）ハンセン病の父を持つことへの差別と，殺人を犯した父を持つことへの差別が「同程度」であるかは疑問です（だから2004年ドラマでは30人殺しという極端な設定にしたのかもしれないし，それならそれで2011年ドラマの「一家惨殺犯の濡れ衣」では動機が弱い）。『砂の器』は，ハンセン病という，他に類を見ない特異な差別を下敷きにしたからこそなりたつストーリーであり，言い換えれば，ハンセン病をめぐる差別とは，他の差別と比較してもずっと根深いものであった，ということができるでしょう。

6. ハンセン病をめぐる今日の現状：差別について考える

　では現在，ハンセン病をめぐる差別はなくなったのでしょうか。近年は，ハンセン病に対する理解が進んだために，ハンセン病患者やその家族に対する差別は緩和されました。1996年の「らい予防法」の廃止とそれに続く国による謝罪や賠償というインパクトのある出来事が大きく影響していると考えられます。しかしその一方で，ハンセン病元患者への差別がまったくなくなったとは言えません。

　2003年11月，熊本の黒川温泉のホテルでハンセン病患者の宿泊が拒否されるという事件が起こりました。すでに「らい予防法」が

廃止されてから7年が経ち，世間におけるハンセン病への偏見はほとんどなくなったと思われていたなかでの事件です。この事件についてのインターネットの掲示板には，「この様な差別はおかしい」という意見もたくさん寄せられてはいるものの，一方では，「もしかしたらうつるかもしれないから，同じお風呂に入りたくないと思っても当然」というような差別を認める意見も多く寄せられていて，改めてハンセン病への偏見の根強さを知らされます。

このような根深い差別は，実はハンセン病だけではありません。例えば，ここ数年にわたる，フクシマ原発からの放射性物質汚染拡散による騒ぎ方は，黒川温泉のハンセン病の騒ぎ方を彷彿とさせます。自分の身近に被害が及びそうになると，「正論」に代わって「自衛」のための論が出現します。今がそういう時代であるからこそ，差別を問うことが真剣に議論されなければなりません。

(松竹，1974年)

〈参考文献〉

2011年版ドラマのホームページ

　http://www.tv-asahi.co.jp/suna/（2012年10月1日アクセス）

2004年版ドラマのホームページ

　http://www.tbs.co.jp/utsuwa/（2012年10月1日アクセス）

DVD『砂の器』松竹，1974年

松本清張『砂の器』光文社，1971年

ミシェル・オバマ著・長尾莉紗・柴田さとみ訳

『マイ・ストーリー』

1.　本書の成り立ち

　ミシェル・オバマ元大統領夫人の自伝 *BECOMING*（原題）がアメリカで発売されたのが2018年，日本語訳『マイ・ストーリー』が発売されたのが2019年8月。その時点ですでに47の言語に翻訳され，出版部数は総数で1000万部を超えるベストセラーであった。『マイ・ストーリー』は，とても分厚い本だ。ページ数にして600ページに迫ろうと言うほどの量である。誰でもが簡単に手に取り，読み終えるような本ではない。しかしそれだけ売れた理由としては，ホワイトハウスに初の黒人大統領夫妻として居住し活動した彼女の人生が希有なモノであったこと，良くも悪くも多くの読者は，その経験に興味を引かれたからに違いない。第44代大統領家族であるオバマ一家は，歴代の大統領の家族のなかでも最長期間である2期にわたってホワイトハウスにとどまった11家族のうちの一家である。もちろん歴代ではじめての黒人家族で，ホワイトハウスに入ったとき，夫妻の2人の女の子は10歳と7歳であり，ホワイトハウスのなかで子育てをしながら政務に就いていたのだ。そのような家族の妻・母であるミシェル・オバマがどのような人生を送ってきたのかに，多くの人が興味を抱いたのだろう。

　巻末に付されている，ミシェル・オバマの略歴紹介では，以下のように記されている。簡潔に彼女の人生を語っているので，まずは

それを紹介しておこう。

〈ミシェル・ロビンソン・オバマ Michelle Robinson Obama〉

　2009年から2017年までアメリカ合衆国のファーストレディ。プリンストン大学とハーバード大学法科大学院を卒業後，シカゴのシドリー＆オースティン法律事務所で弁護士として働き，そこで将来の夫バラク・オバマと出会う。その後はシカゴ市長執務室，シカゴ大学，シカゴ大学病院でキャリアを築く。また，若者が公的機関での仕事に就くための職業訓練組織「パブリック・アライズ」のシカゴ支部創設にも関わった。現在，オバマ夫妻はワシントンDCで2人の娘マリアとサーシャとともに暮らしている。

　原題が *BECOMING* であるように，内容は時系列に沿った3部構成になっている。まずはそれら3部の内容について，簡単に要約しておこう。第1部である「BECOMING ME」では，ミシェルの子ども時代からバラク・オバマとの出会いまでが描かれる。シカゴの黒人居住区サウスサイドで労働者階級の家族のもとで生まれ育った少女時代。勉強にはかなり頑張って市内の成績優秀者が集められた選抜高校に通ったこと。東部の名門プリンストン大学に進むとまわりは白人だらけであり，自分にできるのはいい成績をとることだと必死で勉強した日々。ハーバード法科大学院を卒業し，意気揚々と故郷のシカゴの大手法律事務所に就職。上司に夏期のインターン生の教育係を頼まれ，鳴り物入りでやってきた3歳年上の学生バラク・オバマに出会う。

　第2部「BECOMING US」では，結婚し，出産し，バラクの影

響もあり，自身が本当にやりたいことは何なのかを探し始めたこと。大学で憲法を教える学者でもあったイリノイ州議員の夫が，連邦の上院議員に立候補して当選。夫だけ連邦議会のあるワシントンDCで暮らす別居結婚になる。夫が大統領選に出馬表明し，民主党の予備選挙でヒラリー・クリントンに打ち勝ち，本選挙で共和党候補を退け，第44代アメリカ大統領に就任するまでが描かれる。

第3部「BECOMING MORE」では，夫とホワイトハウスで合流し，ファーストレディとして過ごした8年間の日々を綴っている。アメリカ大統領という職務は家族を大きく巻き込む大仕事であるため，ホワイトハウスで子育てをしながら，一方で「私にできることは何？」と，ファーストレディとしての役割を模索した日々。ホワイトハウスの一画に菜園を作り，肥満対策としての食育や女子教育の大切さに力をそそいだのはその一環であるが，そのような活動について綴っている。

これらの内容からもわかるように，本書は元アメリカ大統領夫人が記したものでありながらも，大統領夫人という特殊な経験や事件よりも，女性，黒人女性，または働く女性や子どもを持つ働く女性，という普遍性に重きを置いて書かれている。もちろんファーストレディという特殊な経験・立場にまつわる興味深い逸話を紹介しつつも，普通の働く女性，母親たちと共通する悩み，喜びについて多くのページを割いている。

2. 子ども時代を過ごしたシカゴの黒人街

この膨大な本書をくまなく取り上げることは紙面の都合上難しいので，ここでは第1部である「BECOMING ME」を中心に取り上

げることにする。評者にとって，本文中で一番関心を抱いた章でも
あったからである。

　ミシェルが育った家は，シカゴ市南部のサウスサイド地区にある
黒人街にある小さなレンガ作りの2階家。大叔母とその夫の家で，
父母・兄とミシェルの4人家族は，その2階に同居していた。このサ
ウスサイド地区とは，元々黒人が多く住む地域であったが，ミシェ
ルが子ども時代を過ごす1970年代になると，人種と経済力による棲
み分けが進み，近隣には黒人と貧しい家族の割合がますます増えて
いったという。父は市の浄水場に勤める公務員で，元秘書の母は，
ミシェルが高校生になるまでは専業主婦だった。父も母も，またそ
の世代の親戚の誰も大学を卒業しておらず，貧しいというほどでは
なかったが，隣人同様に切り詰めた生活が普通であった労働者階級
の一家であった。その一人娘であったミシェルが，なぜ東部の名門
大学を卒業して弁護士として有名弁護士事務所に勤めるようになっ
たのか，つまり，バラク・オバマと出会い，ファーストレディとなっ
たそもそもの「出発点」についてさまざまな角度から述べられてい
る。その「出発点」こそ，評者が最も関心を持った本書の要であった。

　イリノイ大学シカゴ校に留学していた経験のある評者には，シカ
ゴ市の南部に存在する「黒人街」について多少の知識と経験がある。
シカゴ市は，「アメリカの大都市のなかでも，最も人種統合が行われ
ていない都市」と言われている。居住地，職種が，人種によりかな
りはっきりと分かれているのだ。今でもそうだが当時としては，更
にはっきり区別されていたのだろう。シカゴ市の北部は白人を中心
とした環境と治安の良い高級住宅地，南部はほぼ黒人だけが居住す
る黒人街，とはっきりと区別されていた。ちょうどイリノイ大学が

ある場所がその境界地点で，大学のキャンパス以南は，「黒人街」と言われ，無用のモノが立ち入る場所ではないと言われていた。一度評者は南北の方向を間違えて，南部の黒人街に足を踏み入れたことがある。居住者が黒人ばかりなのは当然として，町の至る所にに掲げられた CM の看板も，すべてモデルが黒人であったことに驚かされたものである。そのときのエピソードを一つ紹介しておこう。

　評者がイリノイ大学へ通っていた理由の一つに，同大学の女性学研究所が主催した「女性学を多様化するプロジェクト」への参加があげられるのだが，そのプロジェクトの一環として，多人種の女性学研究者によるシンポジウムと交流会が大学内で開催されたことがある。そのとき参加者の一人である同僚（黒人）から，以下のように問われたことが印象深く記憶に残っている。「私の中学生の姪がこの近くの黒人街に住んでいるのだけど，シンポジウムと交流会に連れてきても良いかしら。黒人街に住んでいる彼女は黒人としか接する機会がないし，いつも見ている TV は黒人用の番組だし，普段読んでいる雑誌も黒人用の雑誌ばかり。『外の世界』があることは知ってはいるだろうけど，実際に接した経験がないので，多人種の人たちが多く集まる交流会に彼女を連れてきてあげたいの」彼女の姪が交流会に参加したことは言うまでもない。

　（多分）このような黒人街に閉じこもって育ったミシェルが，その殻を破ってなぜ東部の有名大学で教育を受けることになったのか，またエリート弁護士として社会に出ることになったのだろうか。本書は直接説明はしていないのだが，その理由を示すいくつかのヒントが記述されている。

3. 高等教育へと背中を押したもの

　本書に記されているいくつかの理由を整理してみると，まず，1）ミシェル自身が独立の精神に富み，強い意志を持っていたこと，があげられるだろう。彼女が子どもの頃から外交的であり，勉強が良くできる少女であったこと，その努力と成果についてのエピソードは随所に書かれている。次いで，2）母の影響，をあげる必要があるだろう。母はミシェルが高校生になるまで専業主婦だったので，いつでもたくさんの愛情と期待を注いでくれたが，過剰に世話を焼くことはなかった。母は「私は赤ちゃんを育ててるんじゃないの。大人を成長させているの」とよく言っていたという。また豊かな生活ではなかったけれど，家計が許す限り子どもたちの教育を最優先してくれた。高校時代に，フランスへの学習旅行が行われることを費用の問題から言い出せなかったミシェルの気持ちを母が察して，家計をやりくりしてその費用を捻出してくれたエピソードが述べられている。この母は後日，8年間のホワイトハウスでの生活も共にしてミシェを支えるのだが，このような母の存在があったことも，ミシェルが高等教育へ向かうことになった理由であろう。

　最後の理由は，3）「時代の変化」とでも名付けられる理由である。1970年代に入ると，人種差別を是正するためのさまざまな政策や取り組みが見られるようになるのだが，そのような「時代の波」が後押しをしたと言えるだろう。そのひとつは，教育における取り組みである。教育の機会が人種により限定されることを回避するためにさまざまな方策がとられたのだが，そのひとつはバッシング（busing）と言われる強制的バス通学制度が採用されたことである。人種的に偏りのある学校の児童・生徒を，強制的に他地区の学校にスクール

バス通学させ，人種均衡を図る制度であり，1970年代にはかなりの地域で実践されていた。シカゴ市でも一時期は市全体でバッシングが行われていたが，ミシェルの入学していた公立小学校では，学校自体の改善に資金を充てるべきだとして実践されてはいなかった。その対抗策として，成績の良い生徒のための特別クラスが設置された。ミシェルも中学時代にはその恩恵を受けたひとりで，20人ほどのさまざまな学年の生徒と一緒に独立した教室で独自のカリキュラムで学んだという。多分その影響もあり，高校は，設立されたばかりのシカゴ市初のマグネットスクール（magnet schools）（人種統合政策の一環として，通学区域の枠にとらわれずに英才教育を行う公立学校）に入学することができた。同高校は，強制的バス通学制度を前向きな形で廃止する学校として，1975年に創立された学校で，やがては市内トップクラスの公立高校となる。校舎は最新の設備を備え，先進的な考えの教師をそろえ，成績が良い生徒は肌の色にかかわらず平等に受け入れて学習機会を与えることを目的としていた。シカゴのサウスサイドから登校するのには片道90分のバス通学が必要なので大変だったが，高校にかかる費用はバス代だけ，それまでの「黒人街」から脱出した高校生活がミシェルに与えた影響は大きかった。高校には，ノースサイドに住む白人の子もいるし（ノースサイドはミシェルにとって月の裏側のような場所で，それまで行ったこともなければ，行きたいとも思わなかった場所であった），また，はじめて黒人のエリートの存在を知ることにもなった（その一人である，人種差別撤廃運動を指導するジェシー・ジャクソンの娘とも同級生として親交を結んだ）。弁護士や医者の親を持つ子どもたちもいて，スキー旅行やパスポートのいる旅行に行ったことのある子どももたくさんいた。もちろん学

校にいる全員がお金持ちだったわけではないが，「黒人街」から出たミッシェルは，それまで目に見えなかったモノを見ることができたのだ。ここでは誰もが大学を目指すことが当たり前だったので，ミシェルも友達と一緒に，東海岸地域の大学に興味を持つようになった。

「時代の変化」が与えた影響として，教育のほかにもミシェルに与えた（であろう）影響をもう一つあげておこう。人種差別の壁が少しずつ打ち壊されつつあるなかで，シカゴに黒人の市長が誕生したことである（その背後には，上述したジェシー・ジャクソンの影響が大きかった）。弁護士であり，長年政治活動を続けてきたハロルド・ワシントンがシカゴ市のはじめての黒人市長となったのは1983年。ロースクールに入る前のオバマがシカゴ市のスラムでコミュニティ・オーガナイザーをしていたのは1985年前後であり，ワシントンの影響を大きく受けたという。次章に述べるように，ミシェルが企業法務の仕事を辞めて，シカゴ市の仕事をするようになったのも，シカゴ市長の次席補佐官をしていた友人の影響であり，ワシントンの影響も受けたであろうと思われる。ただしワシントンは惜しいことに，2期目の途中の1987年に職務中に倒れて亡くなっているので，ミシェルに直接的な影響を与えてはいないと思われる。

4. オバマから受けた影響—自分が本当にしたいことを仕事にする

ミシェルの成長と社会活動（キャリア）について「時代の変化」という観点から整理してみたが，もちろん「時代の変化」だけがその源泉となっているわけではない。オバマと出会ったこと，オバマと結婚したこともその方向を決める重大な要素となっているはずだ。

有名弁護士事務所の新人教育係としてオバマと出会った頃のミッシェルは（ミッシェル25歳, オバマ28歳と思われる）, 順調に自分のキャリアを築きつつあり, 自信にあふれて仕事をこなしているときであった。それまでの努力が報われて弁護士として評価され, その活躍の舞台はシカゴにあるシドリー＆オースティンという一流法律事務所だった。生まれた町に戻ったのだが, ただし今回そこに住むのは, ダウンタウンのビルの47階で働くため。そこはサウスサイドの高校生だった頃にいつもバスで通り過ぎていたビルだ。そのときは歩いて通勤する人々をじっと窓から眺めていたのだが, 今や自分がそのひとりになったのだ。有名弁護士事務所のジュニア・アソシエイトとして両親が稼いだことのない額を稼ぐようになったし, アルマーニのスーツを着て, 大学院の学生ローンを毎月返済しながら, 仕事終わりにはエアロビクスの教室にも通っていた。まだ何か, 不足なことがあるのだろうか。もうないはずだった。しかし, バラク・オバマの持っている価値観は, そういうものではなかった。彼ははじめから企業法務には関心を持たず, もっと社会的なこと, 人権派弁護士として活動することを目標にしていたからだった。

ミシェルの家族が「典型的な黒人家族」だとすると, バラク・オバマの育った環境は全く異なっていた。母が白人で, アフリカに戻ったエリート留学生のアフリカ人の父とは交流がなく, 母が再婚した相手とインドネシアで暮らした少年時代。その後も祖父母や母の交友関係など白人の多い環境で育てられた。そのような多文化の自由な環境で育ったゆえか, 彼は世俗的な成功にまったく興味を示さず, 自分のやりたいこと, 進むべき道が迷いなく見えていた。そのようなバラクとの交際を通じて, ミシェルは今まで築いた自分の価値観

に疑問を持つようになったという。ミシェルは次のような厳しい言葉で自分自身を評価する「私は苦労を恐れ，世間体と収入を求めた結果，何も考えずに法の世界へと突き進んだだけだった」と。ミシェルは事務所が請け負い，クライアントと話すこともなく割り振られる企業法務の仕事には倦んでいた。しかし何をしたいのかがわからない。本当に自分がやりたいことは何なのかを模索しはじめる。公的機関や非営利団体などに片っ端から履歴書を送り，アドバイスをくれそうな人にもたくさん会った。そのなかの一人に，上述したシカゴ市長の次席補佐官をしていたバレリー・ジャレットがいた。彼女はシカゴに誕生した初の黒人市長のもとで働きたいと，高層ビルの法律事務所から，市役所の仕事に転職した人だった（ただしワシントン市長が亡くなったために，バレリーがワシントンと働いた期間はごく短期間だった。がその後も白人市長デイリーのもとで長く働いたという）。ミシェルは彼女が提供してくれた市長アシスタントの職に就く。バレリーはこのあと夫婦共通の親友になり，大統領選挙の出馬の是非の相談にものり，選挙の資金集めにも尽力する強力な仲間となる。そして話を先取りすれば，ミシェルは以後，公共性の強い仕事にのめりこんでいくことになる。才能ある若者を発掘して地域のリーダーに育てあげる NGO の仕事，ボランティア学生などを通して，地域と大学の共生をはかるシカゴ大学の副学部長，シカゴ大学メディカルセンター等々。メディカルセンターでは副病院長にまでなり，医学部と連携し，貧しい人々でもきちんとした治療が受けられるよう医療体制を確立することなどにも心をくだく。ミシェルはオバマの影響を受けて，「仕事のキャリア」ではなく「生涯のキャリア」を選んだのだ。

5. ホワイトハウスを後にして

　ミシェルがファーストレディとしてホワイトハウスに住んだ8年間に成し遂げたことも，上記した「生涯のキャリア」と同種の社会的活動だといえる。ここに詳しく記述する紙幅がないので，ファーストレディが主導し実行した4つのプロジェクトを記し，簡単に説明するにとどめておくことにする。各プロジェクトも，かなりの成果を上げていると報告されている。

〈4つのプロジェクト〉

　①「レッツ・ムーブ（Let's Move）」：4つのプロジェクトのなかでも，最もよく知られたプロジェクトであろう。2010年2月から行った活動で，この活動の最終的な目標は，子どもの肥満の蔓延を次の世代に先送りしないこと。このプロジェクトの発表に先立って大統領は，過去に例のない児童肥満対策タスクフォースの設置に向けた覚え書きに署名した。また，学食供給事業に携わる大手企業3社からは，今後提供する食事の塩分，糖分，脂肪分のカットに取り組むとの公式発表があった。

　②「ジョイニング・フォーシズ（Joining Forces）」：2011年から始められた，軍関係者とその家族を支援するプロジェクト。退役兵や軍関係者の家族に雇用や研修の道を開くことを目的とする。

　③「リーチ・ハイアー（Reach Higher）」：2012年から着手された，大学教育を受けやすくする新たな取り組み。子どもたちが大学に入学できるように，そして入学後は大学の勉強に専念できるように支援する。学校カウンセラーをより手厚く支援し，連邦の学資援助を受けやすくする。

④「レット・ガールズ・ラーン（Let Girls Learn）」：2015年から取り組まれた，世界中の女子が教育を受けられるよう支援する政府規模のプロジェクト。ユネスコの統計によれば，世界では9800万人以上の女子が教育を受けられずにいるという。女の子に教育を受けさせる価値はないという考えは未だに存在しているが，それらを排除する取り組み。

2017年1月20日，ドナルド・トランプとメラニア夫人に付き添って就任式に向かうため，バラクとミシェルはホワイトハウスからの最後の一歩を踏み出した。ミシェルはこの日のことを次のように綴っている。「私は再び人生の新たなステージに，新たな始まりに立った。私にとって何かになる（becoming）ということは，どこかにたどり着くことでも，目標を達成することでもない。それは前進する行為であり，進化の手段であり，よりよい自分になろうと歩み続けることなのだ」。

（集英社，2019年）

初出一覧

1章 1　Gender Forum　2007 年
　　 2　『中部社会福祉学研究』（日本社会福祉学会中部部会発行）4 号，2013 年
　　 3　『中部社会福祉学研究』（日本社会福祉学会中部部会発行）3 号，2012 年
　　 4　Gender Forum　2006 年
　　 5　『中部社会福祉学研究』（日本社会福祉学会中部部会発行）7 号，2016 年
　　 6　『社会福祉学』Vol.49-1,2008 年

2章 1　Gender Forum　2007 年
　　 2　Gender Forum　2005 年
　　 3　Gender Forum　2007 年
　　 4　『中部社会福祉学研究』（日本社会福祉学会中部部会発行）8 号，2017 年
　　 5　Gender Forum　2010 年
　　 6　『中部社会福祉学研究』（日本社会福祉学会中部部会発行）9 号，2018 年
　　 7　『中部社会福祉学研究』（日本社会福祉学会中部部会発行）10 号，2019 年
　　 8　『中部社会福祉学研究』（日本社会福祉学会中部部会発行）11 号，2020 年

3章 1　Gender Forum　2006 年
　　 2　Gender Forum　2010 年
　　 3　Gender Forum　2005 年
　　 4　Gender Forum　2009 年
　　 5　『中部社会福祉学研究』（日本社会福祉学会中部部会発行）5 号，2014 年
　　 6　Gender Forum　2011 年
　　 7　書き下ろし

＊Gender Forum とは，杉本のホームページ上に開設した，誰でも参加できる
　フォーラムである。杉本が金城学院大学を退職したために，現在は閉鎖されて
　いる。https://wwwkinjo-u.ac.jp/sugimoto（2015 年 3 月 31 日アクセス）

[著者略歴]

杉本貴代栄（すぎもと　きよえ）

東京都生まれ。イリノイ大学シカゴ校マルチカルチュラル女性学研究所の研究
　　員，長野県短期大学教養学科助教授を経て，1997年より金城学院大学現代
　　文化学部コミュニティ福祉学科教授。2001年4月から，金城学院大学大学
　　院文学研究科社会専攻併任教授。社会福祉学博士。

専門は，社会福祉学，ジェンダー論。2015年3月末日に，同大学を定年退職。
　　2015年4月から，女性の社会的活動を応援するNPO法人「ウイメンズ・ボ
　　イス」を設立し，理事長として活動に従事して現在に至っている。

主著に『アメリカ社会福祉の女性史』『福祉社会のジェンダー構造』『女性が福祉
　　社会で生きるということ』（いずれも勁草書房，2003年，2004年，2008年），
　　『ジェンダーで読む福祉社会』『ジェンダーで読む21世紀の福祉政策』（いず
　　れも有斐閣，1999年，2004年），『シングルマザーの暮らしと福祉政策：日本・
　　アメリカ・デンマーク・韓国の比較調査』『女性学入門』（いずれもミネルヴァ
　　書房，2009年，2010年・2018年・2021年）等。

ジェンダーで読む映画評／書評

2020年10月30日　第一版第一刷発行
2021年9月1日　　第一版第二刷発行

著　者　杉本貴代栄

発行者　田中　千津子

発行所　株式会社 学 文 社

〒153-0064　東京都目黒区下目黒3-6-1
電話　03（3715）1501 代
FAX　03（3715）2012
https://www.gakubunsha.com

© SUGIMOTO Kiyoe 2020　　　　Printed in Japan

印刷／新灯印刷

乱丁・落丁の場合は本社でお取替えします。
定価は売上カード，カバーに表示。

ISBN978-4-7620-3036-9